WERELDPOËZIE

WERELDPOËZIE

William SHAKESPEARE
Hugo CLAUS
Johann Wolfgang VON GOETHE
Aleksandr S. POESJKIN
William WORDSWORTH
Herman GORTER
Federico GARCÍA LORCA
Fernando PESSOA
Charles BAUDELAIRE
Francesco PETRARCA
Emily DICKINSON
Bertolt BRECHT
Herman DE CONINCK
Paul VAN OSTAIJEN
Rabindranath TAGORE
Nâzım HIKMET
Heinrich HEINE
Pablo NERUDA
Ezra POUND
Jacques PRÉVERT

DE MOOISTE GEDICHTEN VAN

Francesco Petrarca

Francesco Petrarca

Dit boek verscheen eerder onder de titel
De mooiste van Petrarca bij uitgeverij Lannoo
De reeks 'De mooiste van...' staat onder het
hoofdredacteurschap van Koen Stassijns en
Ivo van Strijtem
Nederlandse vertaling: Ike Cialona, Robert de Does,
Frans van Dooren en Joël Schuyer

Uitgave van De Morgen – Wereldpoëzie
Illustraties: Jan De Maesschalck, acryl, 2006
Omslag ontwerp: Monique Shih, 2006

Wettelijk depot: D/2006/10170/19
ISBN 10: 90-776-8610-X
ISBN 13: 978-90-776-8610-2

INHOUD

INLEIDING

19 juli 1374. Een dag voor zijn zeventigste verjaardag trof zijn dochter Francesca hem dood aan, met zijn hoofd op een boek van Vergillius. Een boeiend en intensief leven was voorbij. Francesco Petrarca, de grote middeleeuwse schrijver en geleerde, stierf terwijl hij aan het lezen was. Onsterfelijk zijn de gedichten die hij schreef voor de onbereikbare Laura.

Petrarca werd geboren op 20 juli 1304 in Arezzo. Daar had zijn vader, de jurist Pietro Petracco, zijn toevlucht gezocht nadat hij uit Florence was verbannen. Francesco bracht zijn kindertijd door op verschillende plaatsen, tot de familie in 1313 in Avignon terechtkwam. Die stad, waar sinds enkele jaren de residentie van de paus gevestigd was, was de intellectuele hoofdstad van die eeuw.

In 1316 werd de jonge Petrarca naar de universiteit van Montpellier gestuurd. Vier jaar studeerde hij er rechten. Waarschijnlijk stierf zijn moeder in die periode; hij herdacht haar in gevoelige verzen – de oudste teksten die van hem bekend zijn. In 1320 ging hij, intussen zestien jaar, naar Bologna om zijn juridische studies verder te zetten. Hoewel hij zich thuis voelde in het universitaire milieu, was hij weinig geïnteresseerd in de studie, die hij verwaarloosde omdat "de kunst om praatjes, nee leugens te verkopen", zoals hij het zelf uitdrukte, hem tegenstond. Zijn belangstelling was veeleer gericht naar de letteren, die van de klassieke oudheid én de toenmalige hedendaagse Provençaalse en Italiaanse poëzie. Na de dood van zijn vader in 1326 gaf hij de rechtenstudie op en terug in Avignon wijdde hij zich volop aan de literatuur en de filologie.

Als prille twintiger had hij al in een groot aantal plaatsen gewoond. Het zou ook later een opvallende eigenschap van Petrarca blijven: zijn neiging om dikwijls van woonplaats te veranderen en steeds opnieuw op reis te gaan. Zo maakte hij in 1333, gedreven door wat hij noemde "een vurig verlangen om allerlei dingen te zien", een lange reis door Noord-Frankrijk, Vlaanderen en Duitsland. Daarbij deed hij de steden Parijs, Gent, Luik (waar hij enkele oude teksten van Cicero ontdekte), Keulen en Aken aan, en doorkruiste hij op zijn eentje te paard de woeste Ardennen.

In Avignon, waar hij actief deelnam aan het mondaine leven en de feesten van het pauselijk hof en de adel, was hij in dienst van de machtige familie van kardinalen en bisschoppen, de Colonna's. Uit deze jaren dateert ook zijn levenslange vriendschap met de uit Beringen afkomstige Ludovicus Sanctus (aan wie hij een brievenbundel zou opdragen).
Een belangrijke ontmoeting vond plaats op 6 april 1327, toen hij, op Goede Vrijdag, in de kerk van de Heilige Clara te Avignon, voor het eerst de vrouw ontmoette die hij onder de naam Laura zou verheerlijken in zijn poëzie. Deze ontmoeting is een scharniermoment in zijn leven, ofschoon zij waarschijnlijk van veel groter belang was voor zijn dichterlijke ontwikkeling dan dat zij een bepalende rol speelde in het eigenlijke verloop van zijn leven.

Een ander scharniermoment is de beklimming van de Mont Ventoux en de 'zelfopenbaring' op de top, zoals hij die beschrijft in zijn beroemde brief over de bergtocht in 1336. Samen met zijn broer Gherardo bereikte hij de top van de Mont Ventoux –

Gherardo kwam als eerste boven – en daar bewonderden ze het schitterende landschap dat zich naar alle kanten uitstrekte. In een opwelling greep Petrarca naar *Confessiones* van Augustinus, een boek dat hij altijd bij zich had, sloeg het op een willekeurige plaats open, en las een passage waarin hij zijn geestestoestand weerspiegeld zag: "De mensen bewonderen de hoge bergen, de geweldige golven van de zee, de brede stromen van de rivieren, de uitgestrektheid van de oceaan en de omwentelingen van de sterren, maar ze vergeten zichzelf." Onder indruk van deze ervaring werd hij zich sterker bewust van de onrust die in hem knaagde. Petrarca koos bewust voor beide aspecten van het leven: voor het avontuur én voor de zelfbespiegeling.

Ook in 1336 bezocht hij, als gast van de Colonna's, voor het eerst in zijn leven Rome, de eeuwige stad, waar de overblijfselen van zowel het heidense als het christelijke Rome diepe indruk op hem maakten. Gedurende zijn hele leven zal hij zich inzetten voor de vrede op het Italiaanse schiereiland, waar hij de politieke verdeeldheid en de afwezigheid van een centraal gezag betreurt. Zijn beeld van het antieke Rome vormt de leidraad bij zijn streven naar een morele en culturele *renovatio*.

Niet lang na zijn terugkeer uit Rome trekt Petrarca – inmiddels 34 jaar oud – zich terug in een eenvoudig huis in de Vaucluse. Hij wilde in de stilte van de natuur tot bezinning komen en zich onttrekken aan het turbulente leven in "het ergerniswekkende Avignon". Op die afgelegen plek hoopte hij zich in alle rust te kunnen wijden aan zijn geliefde studie en zijn werk. Hij woonde er van 1337 tot 1353 en er kwam inderdaad een groot deel van zijn omvangrijke oeuvre tot stand. Toch onderbrak hij zijn verblijf aldaar herhaaldelijk voor het maken van lange reizen, bovenal naar Italië.
Zijn reis naar Rome in 1341 zegt iets over een andere karaktertrek van Petrarca: zijn ijdelheid en zijn verlangen naar roem en

onsterfelijkheid. Hij werd er officieel tot dichter gekroond (met lauwerkrans). Op het paasfeest van 1341 ontving hij uit handen van een befaamde senator en in tegenwoordigheid van het volk de dichterskroon, nadat hij eerst drie dagen lang geëxamineerd was door koning Roberto van Napels. Overigens was heel de ceremonie ook voor een deel van Petrarca zelf uitgegaan. Bij deze gelegenheid liet hij tevens zijn familienaam Petracco veranderen in het Latijnser klinkende Petrarca.

In zijn brieven heeft Petrarca het vaak over zijn nood aan eenzaamheid en rust, over de drang om zich uit het drukke, sociale leven terug te trekken. In zijn zelfgekozen afzondering in Vaucluse werkte hij hard aan zijn oeuvre, dat uiteenvalt in twee delen. Enerzijds zijn er de in het 'Volgare' geschreven gedichten, anderzijds de boeken die hij in het Latijn schreef, waaronder *De viris illustribus*, een reeks biografieën en *Africa*, een omvangrijk episch dichtwerk over de Punische oorlogen. Het waren projecten waaraan hij meestal tientallen jaren werkte. Zelf vond hij de boeken die hij in het Latijn schreef belangrijker dan zijn in het Italiaans geschreven literatuur.

Deze literaire en wetenschappelijke activiteiten vulden zijn leven, maar deze periode kende ook enkele ingrijpende gebeurtenissen op het persoonlijke vlak. In 1937 werd zijn zoon Giovanni geboren en enkele jaren later een dochter Francesca. De zwaarste schok kreeg hij te verwerken in 1343, toen zijn geliefde broer Gherardo het liederlijke wereldse leven vaarwel zei en intrad bij een klooster. Deze bekering verhevigde de geestelijke crisissen die Petrarca vaker teisterden en die de inhoud van zijn literaire werk mee bepaalden.

Petrarca, inmiddels met roem overladen, reisde in die jaren vaak naar diverse steden in Noord-Italië. In Parma bereikte hem het bericht van de dood van Laura, die in Avignon slachtoffer was geworden van de verschrikkelijke pestepidemie die in 1348 grote delen van Europa teisterde. Niet alleen Laura ontviel hem, ook

verscheidene andere vrienden en zijn beschermheer kardinaal Giovanni Colonna. Twee jaar later werd hij in Florence feestelijk onthaald en bezocht hij ook zijn geboorteplaats Arezzo, waar hij tot de ontdekking kwam dat zijn geboortehuis intussen voorwerp van verering was. Hij ontmoette er de negen jaar jongere Giovanni Boccaccio, en deze ontmoeting was het begin van een intense vriendschap.
De dood van Laura, het verlies van zijn goede vrienden en daarenboven zijn steeds sterker wordende afkeer van de pauselijke curie maakten dat hij wilde verhuizen uit de Provence. In 1353 trok hij voorgoed naar Italië. Hij trad in dienst van de Visconti's in Milaan. Naast zijn literaire activiteiten vervulde hij voor de Visconti's verscheidene diplomatieke missies.

In 1361 verliet hij, vluchtend voor de pest, Milaan. In Padua verzoende hij zich met zijn zoon Giovanni, vlak voordat die overleed aan de de pest. In Venetië, waar hij zich wilde vestigen, kreeg hij van de senaat uit bewondering een huis aangeboden. De stad voelde zich vereerd dat zo'n groot man er kwam wonen. Van zijn laatste beschermheer, Francesco da Carrara, kreeg hij een landgoed in Arquà, waar hij zich in 1369 met zijn dochter terugtrok in wat hij omschreef als "een klein en bekoorlijk buitenhuisje, omgeven door olijven en wijnstokken". Hij bracht er in alle rust zijn laatste levensjaren door, "steeds lezend en werkend en God verheerlijkend", aldus zijn eigen woorden. Op 19 juli 1374 overleed hij er na een beroerte. Zijn dochter vond hem met zijn hoofd op zijn geliefde Vergiliuscodex. Zo kwam Petrarca, die al door zijn tijdgenoten als de grootste geleerde en letterkundige werd beschouwd, op een bijna symbolische manier aan zijn einde.
Pas enkele maanden voor zijn dood voltooide Petrarca zijn bundel *Rerum vulgarium fragmenta* (Gedichten in de volkstaal). De Latijnse titel raakte na zijn dood in onbruik, en sinds de zestiende eeuw is de verzameling gedichten bekend als

de *Canzoniere* (Liedboek). Het boek bevat 366 gedichten, voornamelijk sonnetten, maar ook een aantal liederen en andere versvormen.
In heel de *Canzoniere* is de liefde voor Laura het allesoverheersende thema. Hoewel er ook enkele politieke gedichten in voorkomen bevat de bundel vooral liefdespoëzie, van het openingssonnet tot het slotgedicht – een hartstochtelijke bede tot de moeder Gods. Het gaat over Petrarca's liefde voor Laura, veeleer dan over de persoon Laura die eigenlijk vaag blijft. In een min of meer chronologisch relaas – waarbij hij vaak vermeldt hoeveel jaren zijn voorbijgegaan sinds de eerste ontmoeting– wordt de verhouding tot Laura belicht. Niettemin is de *Canzoniere* niet zozeer een ode aan Laura maar veeleer een analyse van Petrarca's psyche. Laura is het uitgangspunt, door zijn liefde voor haar wordt de dichter ertoe gebracht om zijn ziel tot in het diepste te onderzoeken. In de gedichten knoopt hij geen gesprek aan met de geliefde, maar met zichzelf.

Naast de ontboezemingen en verzuchtingen over de liefde, is er het wezenlijke thema van de vergankelijkheid. Petrarca is er zich voortdurend van bewust; al het aardse is vergankelijk maar bovenal de mens. Zijn reflectie op dit thema geeft de toon van zijn werk een specifieke spanning: de contemplatie van de aardse schoonheid én het besef van God en het hiernamaals. Zo wordt de poëzie hier aanhoudend bepaald door enerzijds de plicht van de dichter om zich op het goddelijke te richten en anderzijds de zinnelijke liefde die hij voelt voor Laura. Dat verklaart ook het melancholische karakter ervan.

Opvallend is ook Petrarca's voorkeur voor de tegenstelling, net als zijn voorliefde voor de gedaanteverandering, de *metamorfose*. Bekend is zijn spel met de naam Laura, nu eens als 'l'aura' (zacht briesje), soms ook als 'l'auro' (goud) en dan weer als 'lauro' (laurier, lauwertak). Van Laura naar lauro, van de geliefde naar de laurierstruik, het symbool van de dichtkunst. Dat verwijst al naar een ander felbestudeerd element: doorheen de bundel wordt de onbeantwoorde liefde telkens omgezet in dichtkunst. Petrarca is een geliefd studieonderwerp: er verschijnen nog gedurig commentaren over de getallensymboliek, de ritmiek, de intertekstualiteit van de *Canzoniere*. Zijn poëzie gold eeuwenlang als een toonbeeld van elegantie, gratie en harmonie. Hij kreeg talloze navolgers, en dit zogenaamde petrarcisme bereikte in de zestiende eeuw in Italië een hoogtepunt en breidde zich daarna uit over Europa. Overal werd zijn *Canzoniere* vertaald, bewerkt, bestudeerd en ook nagevolgd. Bekende epigonen zijn te vinden bij de dichters van de Pléiade in Frankrijk, bij Garcilaso de la Vega en Luis de Góngora in Spanje, en bij Spencer en Shakespeare in Engeland. In het Nederlandse taalgebied gelden Jan van der Noot en Pieter Corneliszoon Hooft als de belangrijkste petrarcisten.

De ironie van het lot wil dat Petrarca vooral bekend zou blijven door een werk dat hij niet het belangrijkste achtte. De baanbreker van het humanisme overleefde niet in de eerste plaats door zijn filosofische werken of door zijn serieuze literatuur, maar door een in het Italiaans geschreven liefdesverhaal. Petrarca was er zelf van overtuigd dat hij met zijn werken in het Latijn, en in het bijzonder met zijn dichtwerk *Africa*, de grootste roem zou oogsten. Zijn Italiaanse gedichten schatte hij lager in, hij omschreef ze als 'onbenulligheden' en hij leek er zich wat voor te schamen.

Toch bleef hij er zijn leven lang liefdevol aan werken "Niets weegt minder dan de pen, en niets verschaft meer genoegen," schreef hij in een beroemde brief aan zijn vriend Boccaccio: "Ik durf rustig te stellen dat van alle genoegens die de mens op aarde ten deel kunnen vallen, de beoefening van de letteren niet alleen het meest edel is, maar ook het meest duurzaam, het meest aangenaam, het meest blijvend, en iets wat in elke situatie van het leven het gemakkelijkst binnen je bereik ligt."

I

Voi ch'ascoltate in rime sparse il suono
di quei sospiri ond'io nudriva 'l core
in sul mio primo giovenile errore
quand'era in parte altr'uom da quel ch'i' sono:

del vario stile in ch'io piango et ragiono,
fra le vane speranze e 'l van dolore,
ove sia chi per prova intenda amore,
spero trovar pietà, nonché perdono.

Ma ben veggio or sì come al popol tutto
favola fui gran tempo, onde sovente
di me medesmo meco mi vergogno;

et del mio vaneggiar vergogna è 'l frutto,
e 'l pentérsi, e 'l conoscer chiaramente
che quanto piace al mondo è breve sogno.

1

U die in rijm de weerklank hoort herleven
van al mijn zuchten, enig voer van 't hart,
toen ik, in jonge doolwegen verward,
deels anders was dan die ik ben gebleven,

de stijl waarin ik wenend heb geschreven,
in ijdel hopen en in ijdele smart,
want de oude leerschool van de liefde is hard,
hoop ik dat u me in deernis wilt vergeven.

Nu zie ik eerst waarom zo lange tijd
men mij bespotte en mij voor gek verklaarde,
zodat ik vaak door schaamte word verteerd.

De vrucht van mijn verdwazing is mijn spijt
en 't heldere besef dat hier op aarde
het mensdom slechts een korte droom begeert.

II

Per fare una leggiadra sua vendetta,
et punire in un dì ben mille offese,
celatamente Amor l'arco riprese,
come huom ch'a nocer luogo et tempo aspetta.

Era la mia virtute al cor ristretta
per far ivi et negli occhi sue difese,
quando 'l colpo mortal là giù discese
ove solea spuntarsi ogni saetta.

Però, turbata nel primiero assalto,
non ebbe tanto né vigor né spazio
che potesse al bisogno prender l'arme,

overo al poggio faticoso et alto
ritrarmi accortamente da lo strazio
del quale oggi vorrebbe, et non pò, aitarme.

2

Om zich met schoon gebaar op mij te wreken
die duizendmaal hem waagde te weerstreven,
heeft Liefde steels de boog weer opgeheven,
een hinderlaag gezocht, gewacht, gekeken…

Mijn hart gaf aan mijn ogen nog een teken
om de verdediging niet op te geven;
toen heeft het schot zich dodelijk ingedreven
daar waar ooit elke pijl placht stuk te breken;

dus, duizelend nog na dit eerste treffen,
vond het geen ruimte, ging 't moment verloren
om zich te wapenen voor wat het duchtte,

of naar een hoger plan mij te verheffen,
waar mij de marteling niet zou verstoren
waarvoor ik thans wel wil, doch niet kán vluchten.

III

Era il giorno ch'al sol si scoloraro
per la pietà del suo Factore i rai,
quando i' fui preso, et non me ne guardai,
ché i be' vostr'occhi, donna, mi legaro.

Tempo non mi parea da far riparo
contra' colpi d'Amor: però m'andai
secur, senza sospetto; onde i miei guai
nel commune dolor s'incominciaro.

Trovòmmi Amor del tutto disarmato,
et aperta la via per gli occhi al core,
che di lagrime son fatti uscio et varco:

però, al mio parer, non li fu honore
ferir me de saetta in quello stato,
a voi armata non mostrar pur l'arco.

3

Het was de dag waarop de zon haar stralen
uit deernis met haar Schepper tanen liet,
toen onverhoeds, want argwaan had ik niet,
uw heerlijke ogen mij mijn hart ontstalen.

Het was, dacht ik, geen dag om zich te stalen
tegen de Liefdesgod en ik verliet
mij zorgloos op mijzelf; zo zou 't verdriet
van 't ganse volk mijn dreigend leed bepalen.

Ontwapend bood ik Amor geen verweer,
de weg van oog naar hart lag nog ontsloten,
waar nu een stroom van bittere tranen vloeit.

Toch strekt zijn daad, vind ik, hem niet tot eer,
zijn pijl heeft hij in 't weerloos hart geschoten,
zijn boog liet u, bewapend, ongemoeid.

Que' ch'infinita providentia et arte
mostrò nel suo mirabil magistero,
che criò questo et quell'altro hemispero,
et mansueto più Giove che Marte,

vegnendo in terra a 'lluminar le carte
ch'avean molt'anni già celato il vero,
tolse Giovanni da la rete et Piero,
et nel regno del ciel fece lor parte.

Di sé, nascendo, a Roma non fe' gratia,
a Giudea sì, tanto sovr'ogni stato
humiltate exaltar sempre gli piacque;

ed or di picciol borgo un sol n'à dato,
tal che natura e 'l luogo si ringratia
onde sì bella donna al mondo nacque.

4

Hij die oneindige voorzienigheid
in al zijn wondere werken openbaarde,
in 't onze en in het andere rond der aarde,
in Jupiter van vrede en Mars van strijd,

die tot ons kwam en de waarachtigheid
van 't oude boek, zo lang verhuld, verklaarde,
die vissers, Piet en Johan, om zich schaarde
als deelgenoten van zijn heerlijkheid,

heeft de eer van zijn geboorte niet beschoren
aan Rome, aan Juda wel, want nooit de macht,
maar steeds de nederigheid heeft hij verheven.

Hij heeft nu uit een dorpje een zon gegeven,
zo klaar dat de natuur zich zalig acht
dat daar zo'n schone vrouw ons is geboren.

VI

Sì travïato è 'l folle mi' desio
a seguitar costei che 'n fuga è volta,
et de' lacci d'Amor leggiera et sciolta
vola dinanzi al lento correr mio,

che quanto richiamando più l'envio
per la secura strada, men m'ascolta:
né mi vale spronarlo, o dargli volta,
ch'Amor per sua natura il fa restio.

Et poi che 'l fren per forza a sé raccoglie,
i' mi rimango in signoria di lui,
che mal mio grado a morte mi trasporta:

sol per venir al lauro onde si coglie
acerbo frutto, che le piaghe altrui,
gustando afflige più che non conforta.

6

Mijn dol verlangen is op hol geslagen,
achter haar aan die luchtig mij ontvlucht,
ver voor mijn traagheid uit, voor niets beducht
en onbesuisd, van Amors macht ontslagen.

Hoe meer ik tracht zijn razen te verlagen
tot trager gang, hoe minder ’t weet van tucht,
en hoe ik leid en spoor, ’t is zonder vrucht,
want Amors aard wil geen gareel verdragen.

En daar het mij de teugels heeft ontrukt,
heb ik in hem mijn meerdere gevonden,
zodat ik in zijn macht naar ’t doodsdal raas,

waar de laurier staat, waar men niets van plukt
dan bitter ooft, dat onze diepe wonden,
als men het eet, meer pijn geeft dan soelaas.

VII

La gola e 'l somno et l'otïose piume
ànno del mondo ogni vertù sbandita,
ond'è dal corso suo quasi smarrita
nostra natura vinta dal costume;

et è sì spento ogni benigno lume
del ciel, per cui s'informa humana vita,
che per cosa mirabile s'addita
chi vòl far d'Elicona nascer fiume.

Qual vaghezza di lauro, qual di mirto?
Povera et nuda vai, Philosophia,
dice la turba al vil guadagno intesa.

Pochi compagni avrai per l'altra via;
tanto ti prego più, gentile spirto:
non lassar la magnanima tua impresa.

7

Vraatzucht en slaap en 't luie bed van veren
hebben de deugd uit de wereld verjaagd;
de zedeloosheid is erin geslaagd
de menselijke aard te perverteren,

en van de sterren die ons lot regeren
is het weldadig stralen zó vervaagd
dat wie de klim naar Hippocrene waagt,
de rol van zonderling dient te accepteren.

Wie taalt er nog naar mirte of lauwerkrans?
'Filosofie, je bent maar kaal en naakt'
zegt de filister, van gewin bezeten.

Op reisgenoten maak jij weinig kans;
te meer bid ik je dat je nooit verzaakt,
o vriend, in 't grootse werk jou toegemeten.

XII

Se la mia vita da l'aspro tormento
si può tanto schermire, et dagli affanni,
ch'i' veggia per vertù degli ultimi anni,
donna, de' be' vostr'occhi il lume spento,

e i cape' d'oro fin farsi d'argento,
et lassar le ghirlande e i verdi panni,
e 'l viso scolorir, che ne' miei danni
a lamentar mi fa pauroso et lento:

pur mi darà tanta balzanza Amore
ch'i' vi discovrirò de' mei martiri
qua' sono stati gli anni e i giorni et l'ore;

et se 'l tempo è contrario ai be' desiri,
non fia ch'almen non giunga al mio dolore
alcun soccorso di tardi sospiri.

12

Als ooit mijn leed en mijn verdriet gedogen
dat ik dit droef bestaan zolang behoud
dat ik, o Liefste, u zien zal, stram en oud,
tanend het licht van uw stralende ogen,

de tijd van bloemenkransen lang vervlogen,
uw haar verbleekt tot zilver, ooit van goud,
en uw gelaat vervaald, dat mij weerhoudt
te klagen en mijn tranen weer doet drogen,

dan zal de Liefde mij de zielskracht geven
dat ik mijn lijdensweg aan u vertel,
de jaren, dagen, uren van mijn smart,

en is de tijd voorbij van minnespel,
de late zuchten van uw medeleven
zullen een troost zijn voor mijn kwijnend hart.

XVI

Movesi il vecchierel canuto et biancho
del dolce loco ov'à sua età fornita
et da la famigliuola sbigottita
che vede il caro padre venir manco;

indi trahendo poi l'antiquo fianco
per l'extreme giornate di sua vita,
quanto più pò, col buon voler s'aita,
rotto dagli anni, et dal camino stanco;

et viene a Roma, seguendo 'l desio,
per mirar la sembianza di Colui
ch'ancor lassù nel ciel vedere spera:

così, lasso, talor vo cerchand'io,
donna, quanto è possibile, in altrui
la disiata vostra forma vera.

16

De grijsaard gaat zijn weg door dag en nacht,
ver van de plaats waar hij zijn leven leidde
en van ’t gezin dat wenend van hem scheidde
en nu vol angst op zijn terugkeer wacht;

zo sleept hij de ondragelijke vracht
der jaren door zijn laatste jaargetijde;
slechts uit de hoop op het zo lang verbeide
voleinden van zijn reis put hij nog kracht;

en komt in Rome en vervult zijn wens
om daar de ware beeltenis te zien
van Hem die hij hierboven hoopt te aanschouwen.

Zo ga ook ik, en zoek in enig mens
een spiegeling, hoe pover ook misschien,
van uw volkomenheid, aanbeden Vrouwe.

XVII

Piovonmi amare lagrime dal viso
con un vento angoscioso di sospiri,
quando in voi adiven che gli occhi giri
per cui sola dal mondo i' son diviso.

Vero è che 'l dolce mansueto riso
pur acqueta gli ardenti miei desiri,
et mi sottragge al foco de' martiri,
mentr'io son a mirarvi intento et fiso;

ma gli spiriti miei s'aghiaccian poi
ch'i' veggio, al departir, gli atti soavi
torcer da me le mie fatali stelle.

Largata alfin co l'amorose chiavi
l'anima esce del cor per seguir voi;
et con molto pensiero indi si svelle.

17

Een storm van zuchten houdt mijn hart bevangen,
een tranenregen stroomt langs mijn gezicht,
wanneer mijn oog zich op uw schoonheid richt,
die mij ontheven heeft van 's werelds gangen;

toch wordt de gloed van mijn ontvlamd verlangen
getemperd in uw heerlijk ogenlicht,
dat mijn verterend martelvuur verlicht,
zolang mijn blik u innig mag omvangen;

daarna voel ik mijn levensgeest bevriezen
wanneer uw lieflijke aanwezigheid
mij door mijn onheilssterren wordt ontroofd.

Mijn ziel ontvlucht, door liefdesmacht bevrijd,
mijn hart en wil u volgen, uw weg kiezen,
zwaar van gedachten daarvan losgekloofd.

XVIII

Quand'io son tutto vòlto in quella parte
ove 'l bel viso di madonna luce,
et m'è rimasa nel pensier la luce
che m'arde et strugge dentro a parte a parte,

i' che temo del cor che mi si parte,
et veggio presso il fin de la mia luce,
vommene in guisa d'orbo, senza luce,
che non sa ove si vada et pur si parte.

Così davanti ai colpi de la morte
fuggo: ma non sì ratto che 'l desio
meco non venga come venir sòle.

Tacito vo, ché le parole morte
farian pianger la gente; et i' desio
che le lagrime mie si spargan sole.

18

Als ik mijn blik gericht heb naar de zijde
waar uw geliefd gelaat verblindend licht
en mijn gedachten branden van een licht
dat mij geheel doorzengt van zij tot zijde,

dan breekt mijn hart, mijn kracht wijkt van mijn zijde,
ik zie het einde van mijn levenslicht,
en loop zoals een blinde zonder licht,
die wegsnelt en niet weet naar welke zijde.

Aldus, hoe ik ook heenvlucht voor de dood,
mijn vlucht is vruchteloos, want mijn verlangen
vlucht altijd met mij mee, zo is zijn aard.

Eenzaam sleep ik mij voort, mijn stem is dood
en troosteloze smart doet mij verlangen
om met mijn leed alleen te zijn op aard.

XX

Vergognando talor ch'ancor si taccia,
donna, per me vostra bellezza in rima,
ricorro al tempo ch'i' vi vidi prima,
tal che null'altra fia mai che mi piaccia.

Ma trovo peso non da le mie braccia,
né ovra da polir colla mia lima:
però l'ingegno che sua forza extima
ne l'operatïon tutto s'agghiaccia.

Più volte già per dir le labbra apersi,
poi rimase la voce in mezzo 'l pecto:
ma qual sòn porìa mai salir tant'alto?

Più volte incominciai di scriver versi:
ma la penna et la mano et l'intellecto
rimaser vinti nel primier assalto.

20

Ik schaam mij vaak als ik wéér moest versagen
uw schoonheid eer te doen in mijn gedicht,
en denk dan terug aan uw geliefd gezicht,
zo schoon dat niemand mij meer kan behagen.

De last is zwaar, meer dan mijn arm kan dragen,
mijn vijl te grof en mijn talent te licht.
Ik monster al mijn krachten, en ik zwicht,
nog vóór de strijd al radeloos verslagen.

Vaak zijn mijn woorden in mijn hart gebleven,
als 't lippenpaar al voor hen openlag,
want welke stem zou zo hoog kunnen reiken?

Vaak was van 't vers geen letter nog geschreven,
als pen, verstand en hand nog voor de slag
voor deze overmacht moesten bezwijken.

XXXIII

Già fiammeggiava l'amorosa stella
per l'orïente, et l'altra che Giunone
suol far gelosa nel septentrïone,
rotava i raggi suoi lucente et bella;

levata era a filar la vecchiarella,
discinta et scalza, et desto avea 'l carbone,
et gli amanti pungea quella stagione
che per usanza a lagrimar gli appella:

quando mia speme già condutta al verde
giunse nel cor, non per l'usata via,
che 'l sonno tenea chiusa, e 'l dolor molle;

quanto cangiata, oimè, da quel di pria!
Et parea dir: Perché tuo valor perde?
Veder quest'occhi anchor non ti si tolle.

33

Reeds deed de liefdesster haar pracht herleven
in de oost, en de andere die rust noch duur
aan Juno liet, hield nog in 't schemeruur
hoog in de noord haar wagenlicht geheven;

de dienstmaagd, opgestaan om te gaan weven,
blootsvoets en half gekleed, porde in het vuur:
het was het droefbeweende scheidensuur
voor de gelieven, wreed vaneengedreven,

toen weer mijn hoop, wegkwijnend meer en meer,
stroomde in mijn hart, niet door de daagse gangen,
waar in doorweende slaap zij niet kon gaan,

– helaas, hoe fletser was zij dan weleer! –
en fluisterde: 'Laat nog het hoofd niet hangen,
die ogen weerzien blijft jou toegestaan.'

Solo et pensoso i più deserti campi
vo mesurando a passi tardi et lenti,
et gli occhi porto per fuggire intenti
ove vestigio human la rena stampi.

Altro schermo non trovo che mi scampi
dal manifesto accorger de le genti,
perché negli atti d'alegrezza spenti
di fuor si legge com'io dentro avampi:

sì ch'io mi credo omai che monti et piagge
et fiumi et selve sappian di che tempre
sia la mia vita, ch'è celata altrui.

Ma pur sì aspre vie né sì selvagge
cercar non so, ch'Amor non venga sempre
ragionando con meco, et io con lui.

35

Alleen en peinzend ga ik door de dreven,
met trage tred, door onbewoond gebied;
ik kies zorgvuldig juist de wegen niet
die leiden naar een oord waar mensen leven.

De eenzaamheid kan mij bescherming geven,
zodat geen ander mijn verwarring ziet,
want door de grijze sluier van verdriet
ziet men het vuur der liefde in mij beven.

Ik denk dat wel de heuvels, wouden, weiden
en stromen weten van mijn levenspijn;
maar geen der anderen wordt haar gewaar.

De Liefde is voortdurend aan mijn zijde,
hoe steil en moeilijk ook mijn paden zijn,
terwijl zij met mij praat, en ik met haar.

S'io credesse per morte esser scarco
del pensiero amoroso che m'atterra,
colle mie mani avrei già posto in terra
queste membra noiose, et quello incarco;

ma perch'io temo che sarrebbe un varco
di pianto in pianto, et d'una in altra guerra,
di qua dal passo anchor che mi si serra
mezzo rimango, lasso, et mezzo il varco.

Tempo ben fôra o mai d'avere spinto
l'ultimo stral la dispietata corda
ne l'altrui sangue già bagnato et tinto;

et io ne prego Amore, et quella sorda
che mi lassò de' suoi color' depinto,
et di chiamarmi a sé non le ricorda.

36

Als ik gedacht had dat de dood mijn hart
ontlasten kon van brandende gedachten,
had ik dit wrakke lijf met eigen krachten
allang naar 't graf gedragen, met zijn smart,

maar daar ik vrees dat ik verval van hard
tot hard en van de ene in andere klachten,
blijf ik nog half aan deze zijde wachten
van de enge pas, half reeds daarin benard.

't Wordt tijd dat Amors boog mij maar beschoot
met de allerlaatste pijl mij toegemeten,
door bloed van zoveel anderen reeds besmeurd;

dat smeek ik hem en ook de dove dood
die mij wel met zijn teken heeft gekleurd,
maar steeds mij op te roepen blijft vergeten.

XXXIX

Io temo sì de' begli occhi l'assalto,
ne' quali Amore et la mia morte alberga,
ch'i' fuggo lor come fanciul la verga,
et gran tempo è ch'i' presi il primier salto.

Da ora inanzi faticoso od alto
loco non fia, dove 'l voler non s'erga
per no scontrar chi miei sensi disperga
lassando come suol me freddo smalto.

Dunque s'a veder voi tardo mi volsi
per non ravvicinarmi a chi mi strugge,
fallir forse non fu di scusa indegno.

Più dico, che 'l tornare a quel ch'uom fugge,
e 'l cor che di paura tanta sciolsi,
fur de la fede mia non leggier pegno.

39

Ik vrees de aanval van die schone ogen
in wie naast Liefde ook mijn sterven woont,
vlucht als een kind dat men de roede toont;
zo lang geleden was ik reeds gevlogen.

Hoe hoog en steil de weg ook wezen moge,
geen plaats waarheen 't verlangen mij niet troont
haar te ontlopen, die mij 't hart niet schoont
en mij verstenen doet in onvermogen.

Dus als ik draalde mij tot u te wenden
om niet te naderen wie ik zo ducht,
was dit allicht geen reden tot verwijt.

Meer zeg ik: dat de terugkeer na de vlucht
van 't hart, ontworsteld aan zoveel ellende,
geen klein bewijs was van genegenheid.

XLVIII

Se mai foco per foco non si spense,
né fiume fu già mai secco per pioggia,
ma sempre l'un per l'altro simil poggia,
et spesso l'un contrario l'altro accense,

Amor, tu che' pensier' nostri dispense,
al qual un'alma in duo corpi s'appoggia,
perché fai in lei con disusata foggia
men per molto voler le voglie intense?

Forse sì come 'l Nil d'alto caggendo
col gran suono i vicin' d'intorno assorda,
e 'l sole abbaglia chi ben fiso 'l guarda,

così 'l desio, che seco non s'accorda,
ne lo sfrenato obiecto vien perdendo,
et per troppo spronar la fuga è tarda.

Als vuur nooit vuur tot stilstand heeft gebracht,
en regenval rivieren nooit deed drogen,
maar 't één steeds zijn gelijke wil verhogen
en soms zelfs kracht geeft aan zijn tegenkracht,

O Liefde, die ons hart bindt met een macht,
waar twee in één ziel op berusten mogen,
waarom dan heb jij deze ziel bedrogen
en wordt haar wil door haar wil zelf ontkracht?

Misschien, zoals de Nijl met groot geweld
neerstort en allen doof maakt ver in 't ronde,
zoals de zon verblindt wie in haar staart,

richt onbeheerst verlangen dat voortsnelt
in ongebreideld streven zich te gronde;
en wie te krachtig spoort verliest zijn vaart.

LII

Non al suo amante più Dïana piacque,
quando per tal ventura tutta ignuda
la vide in mezzo de le gelide acque,

ch'a me la pastorella alpestra et cruda
posta a bagnar un leggiadretto velo,
ch'a l'aura il vago et biondo capel chiuda,

tal che mi fece, or quand'egli arde 'l cielo,
tutto tremar d'un amoroso gielo.

52

Nooit kon Diana zó de man behagen,
toen hij haar naakt in 't koude water zag,
verrast, schoon toeval, bij het herten jagen,

als mij 't wreed hoedstertje op een zomerdag,
toen zij haar hoofddoekje bevochten wilde
waaronder 't blonde haar verborgen lag,

terwijl de zomerlucht van hitte trilde,
en ik, geheel versteend, van liefde rilde.

LIV

Perch'al viso d'Amor portava insegna,
mosse una pellegrina il mio cor vano,
ch'ogni altra mi parea d'onor men degna.

Et lei seguendo su per l'erbe verdi,
udì' dir alta voce di lontano:
Ahi, quanti passi per la selva perdi!

Allor mi strinsi a l'ombra d'un bel faggio,
tutto pensoso; et rimirando intorno,
vidi assai periglioso il mio viaggio;

et tornai indietro quasi a mezzo 'l giorno.

54

Daar op haar voorhoofd Liefdes vendel stond,
heeft mij een pelgrimme 't voos hart bewogen;
geen ander die ik waardiger bevond.

Toen ik haar naliep over groene weiden,
klonk mij een stem van verre uit den hogen:
– Ach, laat u niet zo in dit woud misleiden! –

De schaduw van een schone beuk op 't gras
zocht ik, en keek bedachtzaam rond, en zag
hoe vol mijn tocht wel van gevaren was,

en keerde, haast op 't heetste van de dag.

LXI

Benedetto sia 'l giorno, e 'l mese, et l'anno,
et la stagione, e 'l tempo, et l'ora, e 'l punto,
e 'l bel paese, e 'l loco ov'io fui giunto
da' duo begli occhi che legato m'ànno;

et benedetto il primo dolce affanno
ch'i' ebbi ad esser con Amor congiunto,
et l'arco, et le saette ond'i' fui punto,
et le piaghe che 'nfin al cor mi vanno.

Benedette le voci tante ch'io
chiamando il nome de mia donna ò sparte,
e i sospiri, et le lagrime, e 'l desio;

et benedette sian tutte le carte
ov'io fama l'acquisto, e 'l pensier mio,
ch'è sol di lei, sì ch'altra non v'à parte.

61

Gezegend zij de dag, de maand, het jaar,
de tijd, het uur, het punt en de seconde,
en ’t zalig oord en de omgeving waar
ik door haar schone ogen werd gebonden!

Gezegend zij de angst die ik om haar
in zoete onzekerheid heb ondervonden,
en Liefdes boog en pijlen die mij zwaar
en ongeneeslijk in mijn hart verwondden!

Gezegend zij elk woord waarmee ik trachtte
haar naam te zeggen tegen iedereen,
en elke traan, elk zuchten en versmachten!

Gezegend elk geschrift waarvan ik meen
dat het haar roemt, gezegend mijn gedachten
waarin geen plaats is dan voor haar alleen!

LXII

Padre del ciel, dopo i perduti giorni,
dopo le notti vaneggiando spese
con quel fero desìo ch'al cor s'accese,
mirando gli atti per mio mal sì adorni,

piàcciati omai, col Tuo lume, ch'io torni
ad altra vita et a più belle imprese,
sì ch'avendo le reti indarno tese,
il mio duro adversario se ne scorni.

Or volge, Signor mio, l'undecimo anno
ch'i' fui sommesso al dispietato giogo
che sopra i più soggetti è più feroce:

miserere del mio non degno affanno;
reduci i pensier' vaghi a miglior luogo;
ramenta lor come oggi fusti in croce.

62

Heer van 't heelal, na de verloren dagen,
na al die nachten van waanzinnigheid,
met in mijn brandend hart een ijdele strijd,
door een te lieflijke overmacht verslagen,

ik bid u dat uw licht, naar uw behagen,
mij en mijn werk in schoner banen leidt,
opdat de aartsvijand die mij verleidt
in zijn bekoorlijk loknet, moet versagen.

Vandaag verstrijkt het elfde jaar, mijn God,
dat ik onder het harde juk moest lijden,
dat zwaarder drukt wie zich het diepst verlaagt.

Erbarm u over mijn onwaardig lot
en wil mijn dolende gedachten leiden
naar 't zware kruishout dat gij heden draagt.

LXV

Lasso, che mal accorto fui da prima
nel giorno ch'a ferir mi venne Amore,
ch'a passo a passo è poi fatto signore
de la mia vita, et posto in su la cima.

Io non credea per forza di sua lima
che punto di fermezza o di valore
mancasse mai ne l'indurato core;
ma così va, chi sopra 'l ver s'estima.

Da ora inanzi ogni difesa è tarda,
altra che di provar s'assai o poco
questi preghi mortali Amore sguarda.

Non prego già, né puote aver più loco,
che mesuratamente il mio cor arda,
ma che sua parte abbi costei del foco.

65

Ik was op Amors aanval niet bedacht,
die vrijdag, toen zijn pijlen mij doorstaken.
Hij kon zich meester van mijn leven maken
en kreeg mij daarna steeds meer in zijn macht.

Ik had niet van zijn wapenen verwacht
dat zij mijn hart zo hevig zouden raken,
nadat zij door zijn harde pantser braken:
de straf voor wie zich onverslaanbaar acht.

Nu laat ik mij door Amor ringeloren,
omdat ik mij vergeefs verzet bespaar
en hoop dat hij mijn bede zal verhoren.

Mijn enige verweer is hem te smeken,
niet om mijn vuur te doen bedaren, maar
om deze vlam bij haar ook te ontsteken.

LXXXI

Io son sì stanco sotto 'l fascio antico
de le mie colpe et de l'usanza ria
ch'i' temo forte di mancar tra via,
et di cader in man del mio nemico.

Ben venne a dilivrarmi un grande amico
per somma et ineffabil cortesia;
poi volò fuor de la veduta mia,
sì ch'a mirarlo indarno m'affatico.

Ma la sua voce anchor qua giù rimbomba:
O voi che travagliate, ecco 'l camino;
venite a me, se 'l passo altri non serra.

Qual gratia, qual amore, o qual destino
mi darà penne in guisa di colomba,
ch'i' mi riposi, et levimi da terra?

81

Ik ben zo moe onder de zware vracht
van 't oude leed en van mijn zondig leven,
dat ik bevreesd ben te zijn afgedreven
van 't rechte pad en in mijn vijands macht.

Ooit heeft een vriend mij leniging gebracht
door mij zijn kostelijk liefdeblijk te geven,
maar ik liet hem ver uit mijn zichtveld zweven,
zodat ik nu vergeefs naar zijn terugzien smacht.

Toch hoor ik daar omhoog zijn roepstem wel:
'Dit is de weg, vermoeiden en bezwaarden,
komt tot mij, als geen ander u weerstreeft!'

Welk lot, welk liefdewoord, welk godsbestel
bid ik dat het mij duivenvleugels geeft,
opdat ik rust vind en wegvlieg van de aarde?

XCI

La bella donna che cotanto amavi
subitamente s'è da noi partita,
et per quel ch'io ne speri al ciel salita,
sì furon gli atti suoi dolci soavi.

Tempo è da ricovrare ambe le chiavi
del tuo cor, ch'ella possedeva in vita,
et seguir lei per via dritta expedita:
peso terren non sia più che t'aggravi.

Poi che se' sgombro de la maggior salma,
l'altre puoi giuso agevolmente porre,
sallendo quasi un pellegrino scarco.

Ben vedi omai sì come a morte corre
ogni cosa creata, et quanto all'alma
bisogna ir lieve al periglioso varco.

91

De schone vrouw die jij zozeer beminde,
is van ons weggerukt uit aardse schoot,
en, naar ik hoop, ten hemel nu genood
om hoe zij was, jouw zoete, teerbeminde…

Nu is het tijd de sleutels weer te vinden
waarmee bij leven zij je hart ontsloot,
en haar te volgen nu zij derwaarts vlood;
geen aards gewicht vermoge je te binden.

Want eenmaal los van wat je 't zwaarste viel,
zul je van 't andere je snel bevrijden,
stijgend, als pelgrim van elk ding onthecht.

Nu zie je dan hoe niets de dood kan mijden
wat is geschapen, en hoezeer de ziel
verlicht wil ingaan tot haar zware weg.

XCII

Piangete, donne, et con voi pianga Amore;
piangete, amanti, per ciascun paese,
poi ch'è morto collui che tutto intese
in farvi, mentre visse, al mondo honore.

Io per me prego il mio acerbo dolore,
non sian da lui le lagrime contese,
et mi sia di sospir' tanto cortese,
quanto bisogna a disfogare il core.

Piangan le rime anchor, piangano i versi,
perché 'l nostro amoroso messer Cino
novellamente s'è da noi partito.

Pianga Pistoia, e i citadin perversi
che perduto ànno sì dolce vicino;
e rallegresi il cielo, ov'ello è gito.

92

Weent, vrouwen, weent, en laat ook Liefde wenen;
weent, minnenden in dorpen en in steden;
want dood is hij die wat hij had, besteedde
zo hij, bij leven, eer u kon verlenen.

Ik voor mij vraag mijn wrange smart dit ene:
dat zij geen kluisters aan mijn tranen smede,
zodat ik wenen kan, en op zijn bede
mijn hart verlichting van de last verlene.

Weent, rijmen, verzen, heden zijt ge wezen;
’t was meester Cino die onlangs moest sterven;
een dichtervorst ging ver van ons vandaan.

Pistoia, ween! Weent, slechte Pistoiezen,
die zulk een nabuur voortaan moeten derven;
de hemel juicht: dáár is hij heen gegaan.

XCIII

Più volte Amor m'avea già detto: Scrivi,
scrivi quel che vedesti in lettre d'oro,
sì come i miei seguaci discoloro,
e 'n un momento gli fo morti et vivi.

Un tempo fu che 'n te stesso 'l sentivi,
volgare exemplo a l'amoroso choro;
poi di man mi ti tolse altro lavoro;
ma già ti raggiuns'io mentre fuggivi.

E se' begli occhi, ond'io me ti mostrai
et là dove era il mio dolce ridutto
quando ti ruppi al cor tanta durezza,

mi rendon l'arco ch'ogni cosa spezza,
forse non avrai sempre il viso asciutto:
ch'i' mi pasco di lagrime, et tu 'l sai.

93

Vaak zei de Liefde mij: 'Wil toch bewaren
al wat je zag, met gouden pennestreken:
hoe ik mijn volgelingen doe verbleken
zó dat men levenden zou doodverklaren.

Eens was jij zelf het voorbeeld voor de schare,
toen je mijn pijl nog in je voelde steken.
Door ander werk wist jij mijn ban te breken,
doch op de vlucht ben ik je nagevaren…

En zo in 't oog waarmee ik mij kennen deed,
en waar mijn zoete stelling was gelegen
toen ik het pantser van jouw hart doorboorde,

ik weer die boog vind die mij toebehoorde,
moet jij wellicht soms langs je wangen vegen;
met tranen laaf ik mij, zoals je weet.'

XCV

Così potess'io ben chiudere in versi
i miei pensier', come nel cor gli chiudo,
ch'animo al mondo non fu mai sì crudo
ch'i' non facessi per pietà dolersi.

Ma voi, occhi beati, ond'io soffersi
quel colpo, ove non valse elmo né scudo,
di for et dentro mi vedete ignudo,
benché 'n lamenti il duol non si riversi.

Poi che vostro vedere in me risplende,
come raggio di sol traluce in vetro,
basti dunque il desio senza ch'io dica.

Lasso, non a Maria, non nocque a Pietro
la fede, ch'a me sol tanto è nemica;
e so ch'altri che voi nessun m' intende.

95

O, als ik ooit zo goed in verzen dwing
al wat ik in mijn hart bedwingen moet,
dan bracht ik ook het allerwreedst gemoed
door meelij wel tot droeve mijmering.

Maar ogen, door wier stralen ik ontving
die slag waartegen helm noch schild mij hoedt,
steeds ben ik naakt als ik uw blik ontmoet,
ook als ik zwijg, en niet van tranen zing.

Omdat uw zien mijn innigst wezen treft,
zoals de zon haar stralen schiet door glas,
hoeft u naar mijn verlangen niet te vragen.

Ach, voor Maria noch voor Petrus was
het geloof een pijn als ik thans moet verdragen;
ik ken geen mens dan u die dit beseft.

CVI

Nova angeletta sovra l'ale accorta
scese dal cielo in su la fresca riva,
là 'nd'io passava sol per mio destino.

Poi che senza compagna e senza scorta
mi vide, un laccio che di seta ordiva
tese fra l'erba ond'è verde il camino.

Allor fui preso, et non mi spiacque poi,
sì dolce lume uscia degli occhi suoi!

106

Nieuw engeltje dat uit de hemel daalde
op snelle vleugels in de koele wei
langs de oevers waar het lot mijn onheil smeedde,

zag mij daar die alleen en eenzaam dwaalde,
en spande mij een strik van zachte zij
in 't groene grasdek dat mijn weg bekleedde.

Zo ving zij mij, en al mijn leed verdween,
zo zoet was 't licht dat uit haar ogen scheen.

CXX

Quelle pietose rime in ch'io m'accorsi
di vostro ingegno et del cortese affecto,
ebben tanto vigor nel mio conspetto
che ratto a questa penna la man porsi

per far voi certo che gli extremi morsi
di quella ch'io con tutto 'l mondo aspetto
mai non sentì', ma pur senza sospetto
infin a l'uscio del suo albergo corsi;

poi tornai indietro, perch'io vidi scripto
di sopra 'l limitar che 'l tempo anchora
non era giunto al mio viver prescritto,

bench'io non vi legessi il dì né l'ora.
Dunque s'acqueti omai 'l cor vostro afflitto,
et cerchi huom degno, quando sì l'onora.

120

Het treurig lied dat mij gedenken deed
uw meesterhand, uw vriendschap onvolprezen,
raakte mij zo, dat reeds onder 't lezen
ik zeggen wou – ik had mijn pen al beet –

dat u gerust kunt zijn: de laatste beet
van hem die ik, als ieder, heb te vrezen,
bleef mij bespaard, al moest het eens zo wezen
dat argeloos ik tot zijn poorten reed,

doch wendde; bij de drempel stond geschreven
dat ik nog niet op aarde had verkeerd
de tijd die mij was voorbestemd te leven,

maar dag of uur heeft men mij niet geleerd.
Rust kunt ge dus uw wonde hart hergeven,
en zoek een man die waard is dat ge 'm eert.

CXXII

Dicesette anni à già rivolto il cielo
poi che 'mprima arsi, et già mai non mi spensi;
ma quando aven ch'al mio stato ripensi,
sento nel mezzo de le fiamme un gielo.

Vero è 'l proverbio ch'altri cangia il pelo
anzi che 'l vezzo, et per lentar i sensi
gli umani affecti non son meno intensi:
ciò ne fa l'ombra ria del grave velo.

Oïmè lasso, e quando fia quel giorno
che, mirando il fuggir degli anni miei,
esca del foco, et di sì lunghe pene?

Vedrò mai il dì che pur quant'io vorrei
quel'aria dolce del bel viso adorno
piaccia a quest'occhi, et quanto si convene?

122

Zeventien jaren zijn er reeds verstreken
sinds ik ontvlamde, en nog kon ik niet doven;
maar telkens als ik denk aan deze oven
voel ik een kilte door de vlammen steken.

Een vos verliest zijn haren, niet zijn streken;
al zullen 's mensen zinnen langzaam doven,
van het verlangen kan ik dit niet geloven:
schaduw van 't lichaam dat het Licht doet breken.

Wanneer, ocherm, zal gloren toch die dag
dat ik, bij 't zien van 't vlieden van mijn leven,
treed uit het vuur, en van mij werp de last?

Zal het moment mij nimmer zijn gegeven
waarop dat schoon gelaat, die zoete lach
mijn oog behagen mag zoals het past?

CXXXII

S'amor non è, che dunque è quel ch'io sento?
Ma s'egli è amor, perdio, che cosa et quale?
Se bona, onde l'effecto aspro mortale?
Se ria, onde sì dolce ogni tormento?

S'a mia voglia ardo, onde 'l pianto e lamento?
S'a mal mio grado, il lamentar che vale?
O viva morte, o dilectoso male,
come puoi tanto in me, s'io nol consento?

Et s'io 'l consento, a gran torto mi doglio.
Fra sì contrari vènti in frale barca
mi trovo in alto mar senza governo,

sì lieve di saver, d'error sì carca,
ch'i' medesmo non so quel ch'io mi voglio,
e tremo a mezza state, ardendo il verno.

132

Als dit geen liefde is, wat is het dan?
En als het liefde is, is ze dan goed?
Kan liefde goed zijn als ze lijden doet?
En is ze slecht, geniet men daar dan van?

Wat klaag ik, als ik zelf beslissen kan?
Heeft klagen zin, als ik beminnen moet?
O dood die leven geeft, o leed zo zoet,
geniet ik van de dwang van een tiran?

Zo dool ik stuurloos rond op hoge zee,
bij wisselende wind. Mijn schip is zwaar
van twijfel en draagt weinig wijsheid mee,

zodat ik, niet meer wetend wat ik wil,
het gloeiend warm heb in de winter, maar
in hartje zomer van de koude ril.

CXXXIV

Pace non trovo, et non ò da far guerra;
e temo, et spero; et ardo, et son un ghiaccio;
et volo sopra 'l cielo, et giaccio in terra;
et nulla stringo, et tutto 'l mondo abbraccio.

Tal m'à in pregion, che non m'apre né serra,
né per suo mi riten né scioglie il laccio;
et non m'ancide Amore, et non mi sferra,
né mi vuol vivo, né mi trae d'impaccio.

Veggio senza occhi, et non ò lingua et grido;
et bramo di perir, et cheggio aita;
et ò in odio me stesso, et amo altrui.

Pascomi di dolor, piangendo rido;
egualmente mi spiace morte et vita:
in questo stato son, donna, per voi.

134

Ik heb geen vrede en ik kan niet strijden,
ik hoop en vrees, ik gloei en ben van ijs,
ik zweef naar boven en ik lig te lijden,
ik heb de wereld lief die ik misprijs!

Ik ben verlost en kan me niet bevrijden,
ik heb houvast en raak toch van de wijs,
ik voel me levend en gestorven beide:
ach, liefde is zowel hel als paradijs!

Ik zie verblind, ik schreeuw en kan niet praten,
ik haat mezelf en houd van iedereen,
ik roep om hulp en wil het leven laten,

ik huil van vreugde, ik lach terwijl ik ween,
leven en dood kwelt mij in gelijke mate:
en dit, o liefste, komt door jou alleen!

CLVI

I' vidi in terra angelici costumi
et celesti bellezze al mondo sole,
tal' che di rimembrar mi giova et dole,
ché quant'io miro par sogni, ombre et fumi;

et vidi lagrimar que' duo bei lumi,
ch'àn fatto mille volte invidia al sole;
et udi' sospirando dir parole
che farian gire i monti et stare i fiumi.

Amor, Senno, Valor, Pietate et Doglia
facean piangendo un più dolce concento
d'ogni altro che nel mondo udir si soglia;

ed era il cielo a l'armonia sì intento
che non se vedea in ramo mover foglia,
tanta dolcezza avea pien l'aere e 'l vento.

Ik zag op aarde onaardse lieflijkheden
en schoonheid van een hemelreine pracht,
wier beeld mij zó bedroeft en tegenlacht
dat alles droom en rook schijnt hier beneden,

en zag die ogen die droef wenend leden,
wier glans de zon jaloers maakt en ontkracht,
en hoorde woorden spreken, zuchtend zacht,
die stromen staan en bergen springen deden.

Genade, geestkracht, liefde, deugd, verdriet
weenden tezaam hun schone melodieën,
lieflijker dan op aarde 't mooiste lied.

De hemel luisterde naar de elegieën,
zodat geen tak een blaadje trillen liet,
zo vol was 't al van zoete harmonieën.

CLXIII

Amor, che vedi ogni pensero aperto
e i duri passi onde tu sol mi scorgi,
nel fondo del mio cor gli occhi tuoi porgi,
a te palese, a tutt' altri coverto.

Sai quel che per seguirte ò già sofferto:
et tu pur via di poggio in poggio sorgi,
di giorno in giorno, et di me non t' accorgi,
che son sì stanco, e 'l sentier m' è troppo erto.

Ben veggio io di lontano il dolce lume
ove per aspre vie mi sproni et giri,
ma non ò come tu da volar piume.

Assai contenti lasci i miei desiri,
pur che ben desiando i' mi consume,
né le dispiaccia che per lei sospiri.

163

Liefde, die ’t diepst van mijn gedachten ziet,
de ruwe paden die wij samen gingen,
je leest in ’t hart mijn meest verborgen dingen,
voor jou geopend, voor een ander niet.

Jij weet hoelang je mij reeds zwoegen liet;
toch blijf je maar van rots tot rotsblok springen,
van dag tot dag, en acht geen volgelingen;
ik ben zo moe, te ver is jouw verschiet.

Je wijst wel in de verte ’t zoete schijnen,
opdat ik mij langs steile wegen spoed;
jouw vleugels echter waren nooit de mijne.

Kom zó dan mijn verlangens tegemoet
dat ik in gloed van nobel vuur verdwijne,
en ik geen zucht slaak die haar fronsen doet.

CLXIX

Pien d' un vago penser che me desvia
da tutti gli altri, et fammi al mondo ir solo,
ad or ad ora a me stesso m' involo
pur lei cercando che fuggir devria;

et veggiola passar sì dolce et ria
che l'alma trema per levarsi a volo,
tal d' armati sospir' conduce stuolo
questa bella d' Amor nemica, et mia.

Ben s' i' non erro di pietate un raggio
scorgo fra 'l nubiloso, altero ciglio,
che 'n parte rasserena il cor doglioso:

allor raccolgo l' alma, et poi ch' i' aggio
di scovrirle il mio mal preso consiglio,
tanto gli ò a dir, che 'ncominciar non oso.

169

Vol smachtend peinzen dat mij wijken doet
weg van de rest, op aard mij eenzaam maakt,
voel ik mij van mijzelf soms losgeraakt
en ga haar zoeken die ik mijden moet;

zie ik haar gaan, zo wreed en honingzoet,
dan smeekt de ziel te worden losgemaakt;
een legerschaar van zuchten wordt geslaakt
als ik mijn, en Liefdes, vijandin ontmoet.

Zo ik mij niet vergis, valt daar een straal
van deernis op haar trots, bewolkt gelaat;
die brengt mijn hart weer enigszins bij zinnen,

en ik vat moed; maar dan, als ik bepaal
te zeggen dàt wat zich slecht zeggen laat,
is er zoveel dat ik niet durf beginnen...

CLXX

Più volte già dal bel sembiante humano
ò preso ardir co le mie fide scorte
d' assalir con parole honeste accorte
la mia nemica in atto humile et piano.

Fanno poi gli occhi suoi mio penser vano
perch'ogni mia fortuna, ogni mia sorte,
mio ben, mio male, et mia vita, et mia morte,
quei che solo il pò far, l'à posto in mano.

Ond' io non poté' mai formar parola
ch' altro che da me stesso fosse intesa:
così m' à fatto Amor tremante et fioco.

E veggi' or ben che caritate accesa
lega la lingua altrui, gli spirti invola;
chi pò dir com' egli arde, è 'n picciol foco.

170

Reeds dikwijls gaf haar schoon gelaat mij in,
dat wat ik in gedachten heb gezegd
te openbaren, rechtstreeks en oprecht,
maar steeds bescheiden, aan mijn vijandin.

Onder haar blik vergaat mij dan de zin,
want wat ook 't lot mij brengt of mij ontzegt,
heil, onheil, leven, dood; het is gelegd
in haar hand, en mijn heer lei het daarin.

Dus kwam over mijn lippen nooit een woord
dat ander mens dan ik zelf goed vernam:
zo maakt mij Liefde bevend, bang en stom.

Ik zie nu dat de gloed der minnevlam
de tong verlamt en alle denken smoort:
wie zegt: 'Ik brand', komt in groot vuur niet om.

CLXXVI

Per mezz'i boschi inhospiti et selvaggi,
onde vanno a gran rischio uomini et arme,
vo securo io, ché non pò spaventarme
altri che 'l sol ch'à d'amor vivo i raggi;

et vo cantando (o penser miei non saggi!)
lei che 'l ciel non porìa lontana farme,
ch'i' l'ò ne gli occhi, et veder seco parme
donne et donzelle, et sono abeti et faggi.

Parme d'udirla, udendo i rami et l'òre
et le frondi et gli augei lagnarsi, et l'acque
mormorando fuggir per l'erba verde.

Raro un silentio, un solitario horrore
d'ombrosa selva mai tanto mi piacque:
se non che dal mio sol troppo si perde.

176

Door duistere en dicht beboste streken
waar reizigers en krijgers blootstaan aan
gevaren, blijf ik zonder angsten gaan,
nu ik slechts Amor tot mijn vijand reken;

en ik bezing, voor zoete dwang bezweken,
mijn vrouwe die nooit ver is. In mijn waan
blijf ik bij beuken of bij sparren staan
die mij mijn lief en haar vriendinnen leken.

Ik denk haar stem te horen, wijd en zijd,
maar hoor de wind, de vogels en de blaren,
het lieflijke geklater van een bron.

In deze stilte, deze eenzaamheid,
die zelden mij zo welgevallig waren,
mis ik alleen mijn stralend mooie zon.

Mille piagge in un giorno et mille rivi
mostrato m'à per la famosa Ardenna
Amor, ch'a' suoi le piante e i cori impenna
per fargli al terzo ciel volando ir vivi.

Dolce m'è sol senz'arme esser stato ivi,
dove armato fier Marte, et non acenna,
quasi senza governo et senza antenna
legno in mar, pien di penser' gravi et schivi.

Pur giunto al fin de la giornata oscura,
rimembrando ond'io vegno, et con quai piume,
sento di troppo ardir nascer paura.

Ma 'l bel paese e 'l dilectoso fiume
con serena accoglienza rassecura
il cor già vòlto ov'abita il suo lume.

177

Op duizend heuvels en langs duizend beken
ben ik in de Ardennen voortgespoed,
daar Amor vleugels geeft aan hart en voet
van hen die hij in liefde deed ontsteken.

Ik reisde ongewapend door die streken,
waar Mars onzichtbaar in de wouden woedt,
diep in gedachten, stuurloos op de vloed,
een schip waar roer en boegspriet aan ontbreken.

Pas als het duister mij niet meer kan deren,
weet ik dat ik een waagstuk heb verricht,
gevederd als ik ben door Liefdes veren.

Maar aanstonds komt het mooie land in zicht,
de liefelijke stroom, en zij kalmeren
mijn hart, dat steeds de koers wendt naar zijn licht.

CC

Non pur quell'una bella ignuda mano,
che con grave mio danno si riveste,
ma l'altra, et le duo braccia accorte et preste
son a stringere il cor timido et piano.

Lacci Amor mille, et nesun tende invano,
fra quelle vaghe nove forme honeste
ch' adornan sì l'alto habito celeste,
ch' agiunger nol pò stil né 'ngegno humano:

li occhi sereni, et le stellanti ciglia,
la bella bocca angelica, di perle
piena et di rose et di dolci parole,

che fanno altrui tremar di meraviglia,
et la fronte, et le chiome, ch'a vederle
di state, a mezzo dì, vincono il sole.

200

Niet slechts één hand, zo wonderschoon ontbloot,
die nu, zeer tot mijn schade, zich weer kleedt,
maar ook de ander heeft het hart reeds beet,
en koele armen drukken het haast dood.

Lei Liefde duizend strikken, ik ontvlood
daarvan niet één op 't schoongewelfde kleed,
dat haar gestalte hemels stralen deed;
geen mensenwerk dat vergelijking bood:

ogen sereen, de wimpers sterrenbogen,
engelenmond met parels ingelegd,
omkranst met rozen, vol van woorden zoet,

en wie haar ziet verwondert zich, bewogen
door haar, wier stralend voorhoofd, gouden vlecht
de zomerzon van 't zenit wijken doet.

CCI

Mia ventura et Amor m'avean sì adorno
d'un bello aurato et serico trapunto,
ch'al sommo del mio ben quasi era aggiunto,
pensando meco: A chi fu quest'intorno?

Né mi riede a la mente mai quel giorno
che mi fe' ricco et povero in un punto,
ch'i' non sia d'ira et di dolor compunto,
pien di vergogna et d'amoroso scorno,

che la mia nobil preda non più stretta
tenni al bisogno, et non fui più constante
contra lo sforzo sol d'un'angioletta;

o, fugendo, ale non giunsi a le piante,
per far almen di quella man vendetta
che de li occhi mi trahe lagrime tante.

201

Zo rijk door Liefdes gunst en Lot bedeeld
met weefsel gouddoorstikt en zijdezacht,
had ik haast naar het hoogst geluk getracht
terwijl ik dacht: 'Dit heeft haar hand gestreeld!'

Als weer die dag door mijn gedachten speelt
die rijkdom eerst, toen armoede mij bracht,
slaak ik een woedende en droeve klacht,
die schaamte noch verbittering verheelt,

dat ik, helaas, dit edel ereteken
aan 't hart niet drukte, en zo wankel stond
dat één klein engeltje mijn wil kon breken,

of, vluchtende, mijn voet geen vleugels vond
om zich tenminste op die hand te wreken
die zoveel tranen naar mijn ogen zond.

CCXII

Beato in sogno et di languir contento,
d'abbracciar l'ombre et seguir l'aura estiva,
nuoto per mar che non à fondo o riva,
solco onde, e 'n rena fondo, et scrivo in vento;

e 'l sol vagheggio, sì ch'elli à già spento
col suo splendor la mia vertù visiva,
et una cerva errante e fugitiva
caccio con un bue zoppo e 'nfermo et lento.

Cieco et stanco ad ogni altro ch'al mio danno
il qual dì e notte palpitando cerco,
sol Amor et madonna, et Morte, chiamo.

Così venti anni, grave et lungo affanno,
pur lagrime et sospiri et dolor merco:
in tale stella presi l'ésca et l'amo.

212

Ik denk in dromen mijn geluk te vinden,
zwem in een zee die bodem heeft noch strand,
schrijf in de lucht, bouw een kasteel van zand,
omhels de schaduwen en volg de winden.

Ik laat mij door de zon zozeer verblinden
dat ik mijn ogen aan haar straling brand
en heb een manke os gezadeld, want
ik zoek een dolende, gevluchte hinde.

Blind voor het goede zoek ik slechts naar wat
mij kwaad doet, en ik roep met angst en beven
de Dood, de Liefde en mijn vrouwe aan.

Het is nu twintig jaar geleden dat
het noodlot mij naar Amor heeft gedreven,
wiens aas en angel ik niet kon weerstaan.

Tra quantunque leggiadre donne et belle
giunga costei ch'al mondo non à pare,
col suo bel viso suol dell'altre fare
quel che fa 'l dì de le minori stelle.

Amor par ch'a l'orecchie mi favelle,
dicendo: Quanto questa in terra appare,
fia 'l viver bello; et poi 'l vedrem turbare,
perir vertuti, e 'l mio regno con elle.

Come Natura al ciel la luna e 'l sole,
a l'aere i vènti, a la terra herbe et fronde,
a 'l uomo et l'intellecto et le parole,

et al mar ritollesse i pesci et l'onde:
tanto et più fien le cose oscure et sole,
se Morte li occhi suoi chiude et asconde.

218

Hoe vele mooie, liefelijke vrouwen
ik op de wereld ook mocht gadeslaan,
hun glans wordt door mijn lief tenietgedaan,
zoals de zon de sterren doet verflauwen.

De god der Liefde komt mij toevertrouwen:
'Zolang die mooie vrouwe zal bestaan,
is 't leven prachtig; als zij heen zal gaan,
zal men de neergang van mijn rijk aanschouwen.

Wanneer de hemel zon en maan moest missen,
het luchtruim wind, de aarde bos en gaard,
de mens zijn denkkracht en zijn spraakvermogen,

de oceaan zijn water en zijn vissen:
zo en nog zwarter wordt het op de aard,
wanneer de Dood het licht dooft in haar ogen.'

CCXXXVI

Amor, io fallo, et veggio il mio fallire,
ma fo sì com'uom ch'arde e 'l foco à 'n seno,
ché 'l duol pur cresce, et la ragion vèn meno,
et è già quasi vinta dal martire.

Solea frenare il mio caldo desire,
per non turbare il bel viso sereno:
non posso più; di man m'ài tolto il freno,
et l'alma desperando à preso ardire.

Però s'oltra suo stile ella s'aventa,
tu 'l fai, che sì l'accendi, et sì la sproni,
ch'ogni aspra via per sua salute tenta,

et più 'l fanno i celesti et rari doni
ch'à in sé madonna: or fa' almen ch'ella il senta,
et le mie colpe a se stessa perdoni.

236

Liefde, ik faal, daaraan is geen ontkomen,
maar in mij brandt een vuur dat om zich slaat;
de pijn wint veld nu rede mij verlaat;
haar plaats wordt door mijn leed haast ingenomen.

Vurig verlangen placht ik in te tomen,
niet te verstoren 't schoon sereen gelaat;
ik kan niet meer; ge brak de dunne draad,
en moed der wanhoop won het van mijn schromen.

Maar als mijn ziel de perken overschrijdt,
zijt gij het die haar zo hebt opgedreven
dat ter genezing zij geen middel mijdt,

verlokt door wat mijn vrouwe is gegeven
aan hemels schoon. Zeg háár althans bescheid,
dat zij mijn schuld dan aan zichzelf vergeve.

CCXLIV

Il mal mi preme, et mi spaventa il peggio,
al qual veggio sì larga et piana via,
ch'i' son intrato in simil frenesia,
et con duro penser teco vaneggio;

né so se guerra o pace a Dio mi cheggio,
ché 'l danno è grave, et la vergogna è ria.
Ma perché più languir? di noi pur fia
quel ch'ordinato è già nel sommo seggio.

Bench'i' non sia di quel grand'onor degno
che tu mi fai, ché te n'inganna Amore,
che spesso occhio ben san fa veder torto,

pur d'alzar l'alma a quel celeste regno
è il mio consiglio, et di spronare il core:
perché 'l camin è lungo, e 'l tempo è corto.

244

Mij drukt het kwaad, maar erger zal ik dragen
op 't eind van deze brede vlakke baan.
Ik ben bevangen door dezelfde waan,
verpeins als gij in ijdelheid mijn dagen;

moet ik dan God om strijd of vrede vragen?
't Zal ons met schade of met schande slaan.
Maar waartoe klagen? Ons zij recht gedaan
als 't aan de hoogste rechter kon behagen.

Hoewel niet waardig het groot huldeblijk
dat gij mij brengt nu Liefde u verwart,
door wie zelfs 't beste oog bedrogen wordt,

de ziel te heffen tot het Hemelrijk
luidt toch mijn raad ter aansporing van 't hart,
daar lang de weg is, en de tijd maar kort.

Solea lontana in sonno consolarme
con quella dolce angelica sua vista
madonna; or mi spaventa et mi contrista,
né di duol né di tema posso aitarme:

ché spesso nel suo volto veder parme
vera pietà con grave dolor mista,
et udir cose onde 'l cor fede acquista
che di gioia et di speme si disarme.

'Non ti soven di quella ultima sera'
– dice ella – 'ch'i' lasciai li occhi tuoi molli
et sforzata dal tempo me n'andai?

I' non tel potei dir, allor, né volli;
or tel dico per cosa experta et vera:
non sperar di vedermi in terra mai.'

250

Steeds als ik sliep, heeft zij in zoete dromen
mij met haar lieve glimlach troost gebracht,
de aanbedene; thans ril ik in de nacht;
vrees noch verdriet werd van mij weggenomen.

Ditmaal is haar gelaat mij voorgekomen
vol meelij en vol smartelijke klacht;
ik hoorde dingen met een duistere macht
voor 't hart, dat hoop en vreugde weg ziet stromen…

'Herinnert ge u die laatste avond niet,'
sprak zij, 'dat naar uw ogen tranen welden
om mij, die heenging door mijn tijd gedreven?

Ik kon, noch wilde ik, u toen reeds melden
de waarheid die gij thans klaar voor u ziet:
hoop niet mij weer te zien in 't aardse leven.'

O misera et horribil visïone!
È dunque ver che 'nnanzi tempo spenta
sia l' alma luce che suol far contenta
mia vita in pene et in speranze bone?

Ma come è che sì gran romor non sone
per altri messi, et per lei stessa il senta?
Or già Dio et Natura nol consenta
et falsa sia mia triste opinïone.

A me pur giova di sperare anchora
la dolce vista del bel viso adorno,
che me mantene, e 'l secol nostro honora.

Se per salir a l'eterno soggiorno
uscita è pur del bel'albergo fora,
prego non tardi il mio ultimo giorno.

251

O treurige en gruwelijke wanen!
Dus waarlijk is ontijdig uitgegaan
het goede licht dat op mijn levensbaan
in voor- en tegenspoed mij placht te manen?

Maar waarom bracht geen ander mij de tranen,
moest ik het noodlot uit haar mond verstaan?
God noch Natuur had dit ooit toegestaan;
och, laat mijn bang gevoelen weldra tanen…

Ik hoop slechts weer te zien de fijne, waarde,
edele trekken van dat schoon gelaat
dat mij bezielt, en glans geeft aan de aarde.

Als zij naar 't eeuwig huis stijgt en verlaat
de schone stede die haar hier bewaarde,
bid ik dat ook mijn ziel snel derwaarts gaat.

CCLXVII

Oimè il bel viso, oimè il soave sguardo,
oimè il leggiadro portamento altero;
oimè il parlar ch'ogni aspro ingegno et fero
facevi humile, ed ogni huom vil gagliardo!

et oimè il dolce riso, onde uscìo 'l dardo
di che morte, altro bene omai non spero:
alma real, dignissima d'impero,
se non fossi fra noi scesa sì tardo!

Per voi conven ch'io arda, e 'n voi respire,
ch'i' pur fui vostro; et se di voi son privo,
via men d'ogni sventura altra mi dole.

Di speranza m'empieste et di desire,
quand'io partì' dal sommo piacer vivo;
ma 'l vento ne portava le parole.

267

Ach mooi gelaat waarin de ogen straalden,
ach tred en houding, sierlijk en vol kracht!
Ach stem die harde harten heeft verzacht
en 't beste in de mens naar boven haalde!

Ach lieve glimlach die mijn lot bepaalde
en mij een dodelijke wond toebracht!
Verheven ziel, bestemd tot grote macht
als u in beter tijden naar ons daalde!

U bent de vlam die mij heeft aangedreven,
u bent de adem dic mij leven doet.
Nooit zal ik dit verlies te boven komen.

De laatste maal dat ik u zag, bij leven,
hebt u mijn hoop met tederheid gevoed.
De wind heeft onze woorden meegenomen.

Quand'io veggio dal ciel scender l'Aurora
co la fronte di rose et co' crin' d'oro,
Amor m'assale, ond'io mi discoloro,
et dico sospirando: Ivi è Laura ora.

O felice Titon, tu sai ben l'ora
da ricovrare il tuo caro tesoro:
ma io che debbo far del dolce alloro?
che se 'l vo' riveder, conven ch'io mora.

I vostri dipartir' non son sì duri,
ch'almen di notte suol tornar colei
che non â schifo le tue bianche chiome:

le mie notti fa triste, e i giorni oscuri,
quella che n'à portato i penser' miei,
né di sé m'à lasciato altro che 'l nome.

291

Zie ik Aurora uit de hemel dalen
met rozenrode wangen, gouden haar,
dan zeg ik zuchtend: 'Laura woont nu daar!',
en Amors pijl verwondt mij telkenmale.

De klok, Tithonus, kan het uur bepalen
waarop uw liefste naar u weerkeert, maar
wanneer zie ik de mijne weer, en waar?
Wil ik haar zien, dan moet de Dood mij halen.

Zo lang hoeft u niet op uw lief te wachten,
want elke avond zal zij huiswaarts komen;
uw grijze haar verjaagt haar liefde niet.

Zwart zijn mijn dagen, slapeloos mijn nachten.
Mijn lief heeft mijn gedachten meegenomen;
haar naam is alles wat zij achterliet.

CCXCII

Gli occhi di ch'io parlai sì caldamente,
et le braccia et le mani e i piedi e 'l viso,
che m'avean sì da me stesso diviso,
et fatto singular da l'altra gente;

le crespe chiome d'òr puro lucente,
e 'l lampeggiar de l'angelico riso,
che solean fare in terra un paradiso,
poca polvere son, che nulla sente.

Et io pur vivo, onde mi doglio et sdegno,
rimaso senza 'l lume ch'amai tanto,
in gran fortuna e 'n disarmato legno.

Or sia qui fine al mio amoroso canto:
secca è la vena de l'usato ingegno,
et la cetera mia rivolta in pianto.

De ogen die voor mij bezielend waren,
de armen, handen, voeten en het hoofd
van haar die mijn gemoedsrust heeft geroofd
en mij verheven heeft vanuit de schare,

de van het puurste goud gesponnen haren,
de lach die, opgevlamd en weer gedoofd,
een paradijs op aarde heeft beloofd
zijn stof waaruit de ziel is heengevaren.

Ik klaag en rouw omdat ik door bleef leven
en het beminde lichtpunt niet meer zie
dat mij bij storm een baken was gebleven.

De dichtader is drooggevallen die
mij menig liefdeslied heeft ingegeven,
en aan mijn lier ontstijgt een elegie.

Valle che de' lamenti miei se' piena,
fiume che spesso del mio pianger cresci,
fere selvestre, vaghi augelli et pesci,
che l'una et l'altra verde riva affrena,

aria de' miei sospir' calda et serena,
dolce sentier che sì amaro riesci,
colle che mi piacesti, or mi rincresci,
ov'anchor per usanza Amor mi mena:

ben riconosco in voi l'usate forme,
non, lasso, in me, che da sì lieta vita
son fatto albergo d'infinita doglia.

Quinci vedea 'l mio bene; et per queste orme
torno a vedere ond'al ciel nuda è gita,
lasciando in terra la sua bella spoglia.

301

Vallei, vervuld van mijn bedroefd geween,
rivier die door mijn tranenvloed blijft zwellen,
vissen die tussen beide oevers snellen,
vogels en wild, in 't groene woud bijeen,

lucht, warm en zuiver door mijn droef gesteen,
pad waar mij de herinneringen kwellen,
geheuvelte dat mij teleur blijft stellen
als Amor mij er brengt gelijk voorheen:

jullie zijn nog hetzelfde als tevoren;
ik niet, omdat mijn hart, van vreugde leeg,
zich slechts met eindeloze droefheid vulde.

Mijn liefste zag ik hier; langs deze sporen
keer ik naar waar zij naar de hemel steeg;
hier bleef de schoonheid die haar ooit omhulde.

CCCXXI

È questo 'l nido in che la mia fenice
mise l'aurate et le purpuree penne,
che sotto le sue ali il mio cor tenne,
et parole et sospiri ancho ne elice?

O del dolce mio mal prima radice,
ov'è il bel viso onde quel lume venne
che vivo et lieto ardendo mi mantenne?
Sol' eri in terra; or se' nel ciel felice.

Et m'ài lasciato qui misero et solo,
talché pien di duol sempre al loco torno
che per te consecrato honoro et còlo;

veggendo a' colli oscura notte intorno
onde prendesti al ciel l'ultimo volo,
et dove li occhi tuoi solean far giorno.

321

Is dit het nest dat eertijds zag verschijnen
mijn feniks in haar purpergouden kleed,
die ooit mijn hart onder haar vleugels deed,
waar 't mompelend en zuchtend nog moet kwijnen?

O eerste wortel van mijn zoete pijnen;
waar is het schoon gelaat, die gloed zo heet
van 't levenslicht dat mij ontvlammen deed?
Enig op aard, thans een der serafijnen.

Mij liet ge achter in mijn eenzaamheid;
van smart vervuld betrek ik weer de wacht
op deze plek alleen aan u gewijd.

Ik zie de heuvels in de donkere nacht,
vanwaar gij wegwiekte naar zaligheid,
hier, waar uw oog de dageraad ooit bracht.

CCCXXXIII

Ite, rime dolenti, al duro sasso
che 'l mio caro tesoro in terra asconde,
ivi chiamate chi dal ciel risponde,
benché 'l mortal sia in loco oscuro et basso.

Ditele ch'i' son già di viver lasso,
del navigar per queste horribili onde;
ma ricogliendo le sue sparte fronde,
dietro le vo pur così passo passo,

sol di lei ragionando viva e morta,
anzi pur viva, et or fatta immortale,
a ciò che 'l mondo la conosca et ame.

Piacciale al mio passar esser accorta,
ch'è presso omai; siami a l'incontro, et quale
ella è nel cielo a sé mi tiri et chiame.

333

Ga naar de harde zerk, o droef sonnet,
waaronder zij die ik liefhad ligt begraven,
en vraag haar vurig of zij mijn gebed
met hemelse goedgunstigheid wil staven.

Want nu mijn schip door stormen is ontzet
zodat ik doodmoe uitzie naar de haven,
ga ik haar achterna met trage tred
mij sterkend met de gulheid van haar gaven.

En sprekend van haar dood en van haar leven
– dat in de dood pas echt tot leven wordt –
wil ik de wereld kennis van haar geven.

En moge ik bij mijn sterven binnenkort
door haar in liefde worden opgeheven
naar oorden waar me een hemels licht omgordt!

CCCXXXVI

Tornami a mente, anzi v'è dentro, quella
ch'indi per Lethe esser non pò sbandita,
qual io la vidi in su l'età fiorita,
tutta accesa de' raggi di sua stella.

Sì nel mio primo occorso honesta et bella
veggiola, in sé raccolta, et sì romita,
ch'i' grido: 'Ell'è ben dessa; anchor è in vita,'
e 'n don le cheggio sua dolce favella.

Talor risponde, et talor non fa motto.
I' come huom ch'erra, et poi più dritto estima,
dico a la mente mia: 'Tu se 'ngannata.

sai che 'n mille trecento quarantotto,
il dì sesto d'aprile, in l'ora prima,
del corpo uscìo quell'anima beata.'

Ik zie haar steeds, want zij wordt nimmermeer
door Lethes water uit mijn geest verdreven,
als in haar bloeitijd door de glans omgeven
van Venus, net zoals de eerste keer.

Zij is, zoals in tijden van weleer,
mooi, eerzaam, in zichzelf gekeerd, verheven.
Ik roep: 'Zij is het; zij is nog in leven!'
en smeek haar om een enkel woord, steeds weer.

Soms geeft zij antwoord, soms ook is zij stil;
en dan besef ik dat ik mij vergis,
als hij die dwaalt, maar inzicht heeft gekregen:

want in het eerste uur van zes april
in dertienhonderd achtenveertig is
haar reine ziel het aarden vat ontstegen.

CCCXLIX

E' mi par d'or in hora udire il messo
che madonna mi mande a sé chiamando:
così dentro et di for mi vo cangiando,
et sono in non molt'anni sì dimesso,

ch'a pena riconosco omai me stesso;
tutto 'l viver usato ò messo in bando.
Sarei contento di sapere il quando,
ma pur devrebbe il tempo esser da presso.

O felice quel dì che, del terreno
carcere uscendo, lasci rotta et sparta
questa mia grave et frale et mortal gonna,

et da sì folte tenebre mi parta,
volando tanto su nel bel sereno,
ch'i' veggia il mio Signore et la mia donna.

349

Soms denk ik reeds de afgezant te horen
die, uitgezonden door mijn vrouwe, mij
beveelt te komen, want ik voel me vrij
en heb veel aardse ballast al verloren.

Het ijdel streven dat mij kon bekoren
in uiterlijk en geest schoof ik terzij.
Gezegend is de dag, wellicht nabij,
waar mij geen voorkennis van is beschoren.

Dan zal ik uit mijn aardse kerker treden,
uit dit omhulsel dat, hoe broos en teer
en sterflijk het ook is, me blijft benauwen.

Vanuit het diepe duister hier beneden
vlieg ik dan naar het licht om daar mijn Heer
en mijn geliefde vrouwe te aanschouwen.

CCCLIII

Vago augelletto che cantando vai,
over piagendo, il tuo tempo passato,
vedendoti la notte e 'l verno a lato
e 'l dì dopo le spalle e i mesi gai,

se, come i tuoi gravosi affanni sai,
così sapessi il mio simile stato,
verresti in grembo a questo sconsolato,
a partir seco i dolorosi guai.

I' non so se le parti sarian pari,
ché quella cui tu piangi è forse in vita,
di ch'a me Morte e 'l ciel son tanto avari;

ma la stagione et l'ora men gradita,
col membrar de' dolci anni et de li amari,
a parlar teco con pietà m'invita.

353

Jij dolend vogeltje dat zwervend zingt
en weeklaagt over de vervlogen tijden,
nu je de winternacht voelt naderschrijden,
die 't zomerlicht weer achter je verdringt,

als jij, die diep in je eigen leed verzinkt,
wist van mijn grote en troosteloze lijden,
dan zweefde je in mijn schoot opdat wij beiden
de droefheid deelden die ons hart doordringt.

Maar kan jouw smart de mijne ooit evenaren?
Misschien wel leeft nog jouw beweende vrouw,
door dood en hemelrijk misgund aan mij.

Maar toch, 't mistroostig uur en 't jaargetij,
met de gedachte aan zoete en bittere jaren,
noden dat ik vol weemoed praat met jou.

CCCLXI

Dicemi spesso il mio fidato speglio,
l' animo stanco, et la cangiata scorza,
et la scemata mia destrezza et forza:
'Non ti nasconder più; tu se' pur vèglio.

Obedir a Natura in tutto è il meglio,
ch'a contender con lei il tempo ne sforza.'
Sùbito allor, com' acqua 'l foco amorza,
d'un lungo et grave sonno mi risveglio:

et veggio ben che 'l nostro viver vola
et ch'esser non si pò più d'una volta;
e 'n mezzo 'l cor mi sona una parola

di lei ch'è or dal suo bel nodo sciolta,
ma ne' suoi giorni al mondo fu sì sola
ch'a tutte, s'i' non erro, fama à tolta.

Vaak toont de spiegel, die ik vertrouw als géén,
mijn matte geest en mijn verdord gelaat,
hoe vlug mij kracht en levenslust vergaat,
en spreekt: 'Verberg je niet, je jeugd is heen.

Gehoorzaam de Natuur en haar alleen;
besef dat Tijd niet aan jouw zijde staat.'
Dan, zoals water vuur ternederslaat,
ontwaak ik uit een slaap die eeuwig scheen;

en ik zie in hoe snel de jaren gaan,
en dat men meer dan één keer niet kan leven,
en in mijn hart doet zich een woord verstaan

van haar wier schone kluisters achterbleven,
maar die eenmalig was in 't aards bestaan,
zó dat ik geen vrouw ooit meer roem zal geven.

CCCLXV

I' vo piangendo i miei passati tempi
i quai posi in amar cosa mortale,
senza levarmi a volo, abbiend'io l'ale,
per dar forse di me non bassi exempi.

Tu che vedi i miei mali indegni et empi,
Re del cielo invisibile immortale,
soccorri a l'alma disviata e frale,
e 'l suo defecto di Tua gratia adempi:

sì che, s'io vissi in guerra et in tempesta,
mora in pace et in porto; e se la stanza
fu vana, almen sia la partita honesta.

A quel poco di viver che m'avanza
et al morir, degni esser Tua man presta:
tu sai ben che 'n altrui non ò speranza.

365

Bedroefd zie ik hoe ik mijn welzijn schaadde
doordat ik ál mijn liefde op aarde had,
en ondanks het geloof dat ik bezat
mezelf niet los kon maken van het kwade.

O eeuwige God, die al mijn slechte daden
onzichtbaar met uw vaderhand omvat,
breng mij, verdoolde, weer op 't rechte pad
en help mij door de kracht van uw genade.

Schenk mij na zoveel strijd en zoveel pijn
uw vrede. En stond ik eens voor 't aardse open,
laat mij bij 't afscheid goed en deugdzaam zijn!

En maak, nu 't weldra met me is afgelopen,
dat ik gelouterd voor uw troon verschijn!
Ik weet dat ik alleen op u kan hopen!

AANTEKENINGEN VAN DE VERTALERS

1 Het inleidend sonnet van de *Frammenti volgari* doet ten onrechte vermoeden dat de bundel uitsluitend liefdesgedichten bevat. Een niet onaanzienlijke minderheid ervan heeft een politieke, godsdienstige of vriendschappelijke strekking. Bovendien zijn – anders dan bloemlezingen vaak suggereren – lang niet alle gedichten sonnetten: de reeks sonnetten wordt regelmatig onderbroken door andere vormen, chansons, sestinas, madrigalen en ballades. In dit inleidend sonnet is het syntactisch verband tussen de eerste twee strofen minder consequent dan onze moderne grammatica's vereisen.

3 De openingsgedichten van de *Canzoniere* bevestigen het hoofdthema van de bundel: de tragische, onbeantwoorde liefde voor de ons onbekende edelvrouw Laura, ontmoet op Goede Vrijdag 6 april 1327 in de kerk van de H. Clara in Avignon, zetel van het pauselijke hof, en waar de dan 22-jarige Francesco samen met zijn broer Gherardo een onbezorgd leven leidt. In dit gedicht verwijzen de tanende zonnestralen uiteraard naar de zonsverduistering op het moment van Christus' dood.

4 De vermenging van christelijke en Grieks-Romeinse godsdienstige thema's is een van de wezenskenmerken van de schrijvers van de Renaissance. Het oude boek in dit gedicht is het Oude Testament waarin de komst van Christus wordt voorspeld. In welk dorp Laura is geboren is onbekend. Avignon was ook toen geen dorp; sommige

commentatoren suggereren Caumont-sur-Durance.
God verhoogt nederigheid: zie Ezechiël 21:26 en Lukas 1:52.

6 Al in de eerste gedichten vereenzelvigt Petrarca zijn tragische liefde met die van Apollo voor de kuise Daphne, die in de Griekse mythe, op het punt door Apollo overmeesterd te worden, wordt veranderd in een laurierstruik. De eeuwig groene laurier, heilige plant gewijd aan de god der dichtkunst en bovendien symbool van kuisheid, verenigt aldus bij Petrarca en zijn navolgers de liefdespoëzie met de bitterzoete liefde voor de bron ervan.

7 Gedicht voor een ons onbekende vriend als aansporing te volharden in de studie van de filosofie, een term die destijds zowel de wetenschap in algemene zin als de literatuur omvatte. Volgens de astrologische leer wordt het menselijk leven beheerst door de straling van de sterren. De Hippocrene is de aan de dichtergod Apollo gewijde bron op de berg Helicon. De mirte is de aan Venus gewijde plant, symbool van de liefdespoëzie.

12 Men kan zich afvragen of, zoals in Ronsards *Quand vous serez bien vielle, au soir, à la chandelle*, dit gedicht ook een – bedekter – aansporing is om voor het te laat is te genieten van *les roses de la vie*.

16 *De ware beeltenis (…) van Hem:* is de beroemde zweetdoek van de H. Veronica, waarop tijdens Christus' lijdensweg zijn beeld zou zijn vastgelegd, voor de pelgrims tentoongesteld in de Sint-Pieterskerk in Rome.

17 De thematiek van 'ver en nabij', van 'warm en koud, vuur en ijs' en van 'de ogen en het zien' zal door Petrarca's navolgers uitputtend worden uitgebuit en verdiept.

18 Veel van Petrarca's gedichten zijn technische meesterwerkjes, gebouwd op een minimaal aantal, soms – zoals hier – identieke rijmwoorden in verschillende betekenis

of grammaticale functie. De vertaling kan daar slechts een gebrekkig beeld van geven.

20 Ook deze thematiek, de onmogelijkheid om de voortreffelijkheid van de vergoddelijkte geliefde weer te geven, zal door Petrarca's navolgers veelvuldig worden gevarieerd.

33 Dit gedicht is geschreven tijdens een ziekte van Laura; zij voorspelt de dichter in een droom dat zij zal genezen. *De liefdesster:* Venus, voorbode van de morgenstond. *De andere:* het sterrenbeeld de Wagen (= Grote Beer), waarin de door Jupiter beminde nimf Calypso door hem veranderd werd toen zij diens vrouw Juno te zeer jaloers had gemaakt. De fysiologie van de lichaamssappen is nauw verweven met de emoties.

35 Een evergreen, vele malen geïmiteerd en gevarieerd door talloze navolgers, maar nog steeds doeltreffend door zijn eenvoud en eenheid van gedachte.

39 Is dit sonnet geschreven als verontschuldiging aan een persoon in Avignon die Petrarca lang verwaarloosd zou hebben? En betreft het hier wellicht kardinaal Giovanni Colonna, of Laura zelf? De commentatoren zijn het hierover niet eens.

52 Een kleine minderheid van de gedichten zijn madrigalen, een zeer vrije dichtvorm, bestaande uit twee of drie drieregelige strofen, willekeurig gerijmd, meestal gevolgd door een of twee tweeregelige gepaard gerijmde strofen. Van de overbekende mythe van de jager Aktaion die de naakte godin Diana bij het baden verrast en door haar in een hert wordt veranderd en door zijn honden verscheurd, gebruikt Petrarca hier slechts de allereerste episode.

54 *Pelgrimme:* het Italiaanse woord 'pellegrina', dat 'pelgrimme', 'reizigster' of 'vreemdelinge' kan betekenen, verwijst naar het gangbare, door Paulus in 2 Corinthiërs

5:6 gebruikte beeld van het aardse leven als een reis. Gaat het hier om Laura of, zoals sommige commentatoren beweren, om een andere vrouw op wie Petrarca kortstondig verliefd zou zijn geweest? Wie het eerste aanneemt, ziethetgedichtpuur als allegorie op een – overigens tamelijk hypothetische – crisis in Petrarca's liefde voor haar. Waarschijnlijker is volgens recente commentaren (bijv. Santagata, 1996) echter de tweede optie, die een allegorische interpretatie en een crisis in Petrarca's liefdesleven niet,maar Laura als voorwerp van dit gedicht wél uitsluit. Het betreft immers een madrigaal en deze frivole dichtvorm verhoudt zich slecht met de uitdrukking van diepe spirituele crisis die diegenen die de optie Laura verdedigen, erin willen zien. Het gedicht zou dus gaan over zoiets als een 'slippertje', een verliefdheid op een andere vrouw dan Laura waarvan hier galant afstand wordt genomen.De positie van het gedicht binnen de Canzoniere laat vermoeden dat een en ander zich kan hebben afgespeeld gedurende Petrarca's reis naar Rome in 1336–37. Contemporaine bronnen vertellen ons hoe grote pelgrimsoorden – zoals Rome – de pelgrims niet alleenmaar spirituele genoegens boden.
Groene weiden: al naar gelang van de interpretatie die men verkiest: allegorie voor de jeugd, of een voor madrigalen uit die tijd conventionele, landelijke setting.
Woud: het eerst zo idyllische landschap neemt de vorm aan van een woud, conventioneel beeld voor morele verwarring (het bekendste voorbeeld is natuurlijk het 'donker woud' uit het begin van Dante's *Commedia*).
Beuk: vrijwel alle commentatoren zijn het erover eens dat de beuk bij Petrarca (in navolging van Vergilius, *Eclogae* II) staat voor teruggetrokken, contemplatief leven.
't Heetste van de dag: het hoogtepunt van amoureuze passie.

61 *De dag, de maand, het jaar:* de datum is 6 april 1327
't Zalig oord en de omgeving: het in de Provence gelegen Avignon waar de dichter bij de kerk van de Heilige Clara Laura voor het eerst zag.

62 Een aantal malen in de *Canzoniere* herdenkt de dichter in steeds somberder tonen die fatale Goede Vrijdag die zijn noodlot zou bepalen (zie noot bij 3).

81 *Mijn vijands:* de vijand is uiteraard de duivel en de Vriend Christus. Zie Mattheus 11:28 en Psalm 55:7.

91 Petrarca troost hier zijn broer Gherardo, wiens geliefde is overleden. Gherardo zal zich enkele jaren later in een klooster terugtrekken, een besluit waarvoor Petrarca zijn begrip en zijn bewondering zal uitspreken.
Pelgrim: zie noot bij 54.
Haar zware weg: de overgang van het aardse leven naar de dood.

92 Een treurlied op de dood van Cino da Pistoia, overleden eind 1336 of begin 1337. Cino was een van de beroemdste dichters van zijn tijd. Dante Alighieri, die een generatiegenoot van Cino was, looft hem in zijn verhandeling over de volkstaal *De Vulgari Eloquentia* als de Italiaanse minnedichter bij uitstek. Volgens recente commentatoren was Cino echter een beter jurist dan dichter.
Rijmen, verzen: respectievelijk de in de volkstaal (rijmen) en de in het Latijn (verzen) geschreven werken.
Slechte Pistoiezen: Pistoia werd verscheurd door interne twisten. Cino was ooit door een vijandige factie uit de stad verbannen (van 1303 tot 1306). Ook Dante heeft voor Pistoia geen goed woord over (Inferno xxv, 10–12).

93 Het rijmschema van de terzinen (CDEEDC) vertoont de vorm van een boog.
De schare: Petrarca's collega's, de minnedichters.
Ander werk: een ander soort gedichten. Waarschijnlijk

doelt Petrarca op de in 1338 te Vaucluse begonnen Latijnse werken *Africa* en *De Viris Illustribus*. Het was door zijn geschriften in het Latijn, niet door zijn gedichten in de volkstaal, dat Petrarca hoopte blijvende roem als dichter te kunnen verwerven.

't Oog waarmee ik mij kennen deed: het oog van Laura is het venster van waaruit Petrarca door de Liefde met pijlen wordt bestookt.

95 *Maria [...] Petrus:* Maria Magdalena en Simon Petrus.

Het geloof: het geloof in Jezus van Maria Magdalena en Simon Petrus strekte hen tot heil, maar Petrarca's geloof in zijn – onvervulde – liefde voor Laura brengt hem uitsluitend pijn.

106 Madrigaal, zie bij noot 52.

120 In september 1343 vertrok Petrarca als gezant van paus Clemens VI vanuit de Provence naar het hof van koningin Johanna van Napels. Tijdens zijn verblijf aldaar verbreidde zich in het noorden van Italië een gerucht als zou Petrarca gestorven zijn op Sicilië. Antonio de' Beccari da Ferrara, een wat excentrieke vriend van Petrarca die een zwervend bestaan leidde maar in zijn tijd een niet onbekend dichter, schreef voor de gelegenheid een lange treurzang. Gevolg hiervan, zoals Petrarca zelf ons meldt (Senilis III, 7), was dat 'bevestigd door dit gedicht, het bericht van mijn dood zich zo sterk verbreidde dat, toen men mij in levenden lijve zag terugkeren, de mensen hun ogen nauwelijks konden geloven, en niet wisten uit te maken of ik een geest was of een levend wezen.' Met dit sonnet bedankt Petrarca zijn vriend Antonio da Ferrara op vriendelijke maar enigszins ironische toon voor de lof die deze hem in zijn voorbarige necrologie toezwaait. Ook maakt hij een toespeling op een ziekte die hem in de lente van 1344, toen hij in Parma verbleef, daadwerkelijk trof, en die aanleiding gaf tot een nieuwe

stroom geruchten aangaande zijn dood.
Al moest het eens zo wezen / dat argeloos ik tot zijn poorten reed: zinspeelt op de ziekte die hem in de lente van 1344 te Parma trof.

122 *Zeventien jaren:* sinds 6 april 1327, toen Petrarca verliefd werd op Laura; dit sonnet dateert dus uit 1344.
Het vuur [...] de last: van zijn onvervulde, wereldlijke liefde voor Laura.
Zoals het past: in geestelijke liefde, niet bezwaard door wereldse verlangens.

156 Dit opmerkelijke gedicht behoort tot het drietal dat door Liszt op muziek is gezet en later is bewerkt voor pianosolo onder de titel *Sonetti del Petrarca* en ingelast in de *Années de pèlerinage.* (De andere twee zijn de nummers 61 en 134). Het behoort tot een viertal sonnetten waarin de wenende Laura des te meer als godin verheerlijkt wordt, hier zelfs in bijbelse termen. Op verscheidene plaatsen in het Oude Testament beschaamt of verduistert de macht van God de zon en doet de bergen springen en de rivieren terugstromen (b.v. Jesaja 24:23 en Psalmen 68:17 en 114:3–6).

163 *Nobel vuur:* geestelijke liefde.

169 *Mijn, en Liefdes, vijandin:* Laura, die immers niet, of maar zeer ten dele, ingaat op Petrarca's avances. De krijgskundige beeldspraak van het vorige vers ('legerschaar van zuchten') wordt volgehouden. Krijgskundige metaforen in liefdesgedichten weerspiegelen Petrarca's contemporaine referentiekader en komen veelvuldig voor (zie de sonnetten 2, 39, 93).

170 *Dat wat ik in gedachten heb gezegd:* grijpt terug naar sonnet 169, vs.13–14.
Mijn vijandin: Laura.
Mijn heer: de Liefde.
Wie zegt: 'Ik brand', komt in groot vuur niet om: wie erin

slaagt, jegens de geliefde zijn liefde onder woorden te brengen, bemint op halfhartige wijze.

200 Dit sonnet, dat samen met de sonnetten 199 en 201 de 'Triptiek van de Handschoen' vormt, gaat over een handschoen die Laura verloren en Petrarca gevonden heeft.

236 *Dat zij mijn schuld dan aan zichzelf vergeve:* Laura's schoonheid is er immers de oorzaak van, dat Petrarca zijn boekje te buiten is gegaan! Een fraai staaltje masculiene logica…

244 Sonnet 244 is een antwoord op een sonnet dat Petrarca's lijfarts en vriend Giovanni De' Dondi dall'Orologio aan hem had gericht, een antwoord 'per le rime', dat wil zeggen met gebruikmaking van dezelfde rijmklanken en -schema als die van het sonnet dat Petrarca van Giovanni De' Dondi ontving:

Io non so ben s'io vedo quel ch'io veggio,
s'io tocco quel ch'io palpo tuttavia,
se quel che i'oda, oda e sia bugia
o vero quel ch'io parlo e ciò ch'io leggio.

Sì travagliato son ch'i' non mi reggio,
né trovo loco né so s'io mi sia;
e quanto volgo più la fantasia,
più m'abbarbaglio né me ne correggio.

Una speranza un consilio un ritegno
Tu sol me sei in sì alto stupore;
in te sta la salute e 'l mio conforto.

Tu hai il saper il poter e l'ingegno;
drizzami sì che tolta de l'errore
la vaga mia barchetta prenda porto.

Zie ik wel goed hetgeen mijn ogen zagen,
en wat ik voel, raak ik dat ook echt aan?
Ik kan van woord noch letter meer op aan,
of 't waar is, of dat leugens mij belagen.

Ik ben zo murw dat ik wel moet versagen;
ik vind geen rust en wanhoop aan 't bestaan.
Hoe meer ik dan mijn fantasie laat gaan,
hoe meer ik daas, te minder wil 't mij dagen.

Slechts gij biedt hoop, houvast waarnaar ik reik,
nu ik ontdaan ben door zo vreemde smart;
uw raad maakt dat mij heil en troost gewordt.

Gij zijt van kennis, kracht en wijsheid rijk;
loods, nu de koers in dwaling is verward,
mijn schip tot waar de zee weer rustig wordt.

De geestelijke nood waarover Petrarca en zijn vriend zich beklagen, zou volgens recente commentatoren mede te wijten zijn aan een oorlog tussen Padua en Venetië die woedde in 1372–1373. Petrarca woonde indertijd vlak bij Padua. Giovanni De' Dondi was er in 1318 geboren. Beiden hadden dus hun redenen, zich zorgen te maken over de situatie. Toch hebben deze twee sonnetten geen daadwerkelijk politiek karakter, maar gaan over liefdesperikelen. Een curieuze rolverwisseling treedt op: Petrarca's arts zoekt heil bij zijn patiënt om van zijn liefdespijn te genezen. Uit de uitgebreide briefwisseling die Petrarca in de latere jaren van zijn leven voerde met deze rijkbegaafde vriend, spreken wederzijds respect en genegenheid.
Giovanni De' Dondi was een veelzijdig man: wiskundige, arts, ingenieur en, als het zo uitkwam, dichter. In

opdracht van de hertog van Milaan Gian Galeazzo Visconti, bij wie hij in dienst was, ontwierp en bouwde hij een vernuftig uurwerk voor de toren van Pavia. Het mechaniek gaf, behalve de juiste tijd, ook de loop van sterren en planeten aan. Het werd al snel beroemd en zou voorgoed met Giovanni's naam verbonden blijven. Tot op heden noemt de familie De' Dondi zich 'dall'Orologio' (van het Uurwerk). En Giovanni's nazaten doceren tandheelkunde aan de Universiteit van Bologna...

De weg [...] de tijd: de weg naar het heil, de tijd die ons is voorbestemd op aarde te leven.

250 In sonnet 250 vertelt Laura Petrarca in een droom dat zij sterven zal, en dat ze elkaar op aarde niet terug zullen zien.

251 In 251 spreekt Petrarca zijn wanhoop over het droombeeld in sonnet 250 uit en tracht hij zijn angst te bezweren.

321 *Het nest:* Avignon, de plaats waar Laura leefde.

Feniks: Laura. zoete pijnen: de liefde.

361 *Een slaap die eeuwig scheen:* de slaap van het geweten en van de rede.

Een woord: van geestelijke troost en bemoediging.

Van haar wier schone kluisters achterbleven: Laura's ziel die, toen zij stierf, het stoffelijke lichaam heeft verlaten.

REGISTER

De cijfers verwijzen naar de bladzijde waarop het gedicht is afgedrukt.

Tekst en chronologie van deze uitgave zijn gebaseerd op de volgende editie: *Francesco Petrarca, Canzoniere, edizione commentata a cura di Marco Santagata,* Milano, Mondadori ('I meridiani'), 1996.

Alle vertalingen zijn niet eerder in deze versie gepubliceerd, tenzij anders weergegeven.